8

現代保育内容研究シリーズ

現代保育の理論と実践Ⅱ

現代保育問題研究会［編］

一藝社

現代保育問題研究会・趣意書

　現代保育問題研究会（以下、本会という）は、子ども・保育・教育に関する現代的な諸課題・諸問題に深い関心を持ち、その課題に取り組み、問題を解決しようとする有志によって構成される会である。

　現代は、過去と比して、子どもを育てる親・保育者・教育者にとって決して育てやすい環境とはなっていない。むしろ、確固たる信念を持ち、明確な子ども観、保育の思想、教育哲学を持たなければ、時代の悪しき潮流に容易に流される危険な状況にあるといえる。

　日々世間をにぎわす世界的な諸問題、例えば、政治経済問題、国際問題、人権問題等の教育への影響などは、保育者や教育者に、様々な、また深刻な諸課題をつきつけているといわざるを得ない。

　わが国においては、こうした諸課題に応えるため、学習指導要領、幼稚園教育要領、保育所保育指針などが公布・実施されている。しかし、保育者・教育者は、こうした方針・施策にただ盲従するだけでは、保育者・教育者としての使命を全うすることはできない。つまり私たちは、自身で各種課題、また様々な方針・施策に対する確固たる見方・考え方、つまり「哲学」を持ち、現実の諸課題に取り組まなくてはならないのである。

　本会では、このような現下の教育・保育に関する諸課題の解決に関心のある人々に対して、広く門戸を開くものである。

　本会の目的は、こうした有志のために、積極的かつ建設的な提言を発する場を提供し、その提言を広く世間に公表するのを支援することにある。とりわけ本会は、極めて重要な価値を持ちながら、公表・発信する機会に恵まれない論考の公開を、積極的に支援することを最大の使命と

している。

　この目的・使命にしたがい、本会では、偏狭な視野、また極めて特殊な政治的・宗教的信条に基づく見解を持つものを除き、本会の趣旨に賛同する者を、特段の手続きを経ずに、会員とみなすこととする。

　本会は、上記の目的を達成し、その使命を遂行するために次の事業を行う。

　　1．各種の調査研究
　　2．教育実践の推進
　　3．研究会等の開催
　　4．刊行物の発行支援
　　5．その他、本会の目的達成に必要な事業

　本会の所在地は、東京都新宿区内藤町1-6　株式会社一藝社内にあり、同所に事務局を置く。本会は理事発議により、必要に応じて会議を開き、重要事項（事業計画、事業報告、担当人事その他）を審議する。

　なお、本会の理事は別紙のとおりである。　（平成30年3月1日起草）

（別紙）

現代保育問題研究会・理事（順不同）

まえがき

　我が国の子ども家庭支援施策として、2023年4月「こども家庭庁」が創設された。〈こどもまんなか社会の実現〉というコンセプトを掲げ、子どもの最善の利益を第一として、子どもの視点に立った本格的な政策を進めていく覚悟を持ってスタートしたのである。

　子ども家庭支援の強化を図る取組が開始された年に、本書「現代保育内容研究シリーズ8　現代保育の理論と実践Ⅱ」が刊行されるはこびとなった。現代保育問題研究会（以下：研究会）の発起人である谷田貝公昭理事長は、半世紀以上にわたって、子どもの生活と文化にかかわる調査研究を継続し、現代社会が抱える問題を投げかけ、必要な知見を社会に還元してきた。子どもを取り巻く環境が変化し続ける過程で、現代社会が抱える問題を直視し、保育や幼児教育、または家庭教育にかかわる大人の役割や社会環境のあり方を提案することを目指してきたのである。

　本研究会の社会的役割は、現代社会が抱える子ども家庭に関する課題の解決のために、それぞれの専門分野での研究をもとに、そこから生成された理論や実践のあり方を提言していくことである。子ども家庭を取り巻く社会が大きく変化し、多様な問題を抱える激動の時代を迎えた今、改めて、研究会の活動を通して、子ども家庭支援に携わる保育者と共に課題解決に向けた具体的な行動を起こしていくことが重要だと考えている。一方、課題に目を向けることだけでなく、子どもが日常的・継続的に育つ場となる保育・教育現場の可能性を最大限に生かすための方法も提案していきたい。今後、保育・教育現場で重要となる共生社会の実現

に向けたインクルーシブな保育の実現のための方法や、障害や貧困等といった困難を抱える子どもや家庭への支援のあり方について、保育学や教育学の研究分野から探求し、提案していきたいと考える。

　シリーズ8となった本書の執筆者らは、子ども家庭支援に携わる保育者養成校等に勤務しながら、自身の保育・教育にかかわる研究、大学における教育実践、地域貢献活動を通して、探求すべき課題にチャレンジしている。こうした立場で、専門分野からのトピックをもとに、保育・教育の現場での子ども家庭支援のあり方、養成校の教育カリキュラムの方法、困難な状況にある子ども家庭に焦点を当てた支援プログラムの開発等、研究成果をもとに論考したものである。

　本書では、こうした研究成果を社会に還元する目的を第一とし、読者らとともに、〈こどもまんなか社会〉の構築に携わる者として、それぞれの役割を再考していきたいと思う。

　読者のみなさんの中には、保育や教育の実践の場に身を置く方もいるだろう。実践の場にいる専門家として、子どもを取り巻く環境としての保育や教育のあり方、子どもにかかわる者の能力・資質等、常に自らの実践と省察を通して模索し、学ぶ姿勢を保持してほしい。本会では、実践者の声に耳を傾け、一人ひとりの子どもの尊厳と、最善の利益の保障を確保できる保育環境、教育環境、子育て環境のあり方について探求していきたいと考える。本書がこのような議論のきっかけになれば幸いである。

最後に本研究会メンバーの提案を広く社会に還元するために、本書出版の企画を積極的にサポートし、刊行にまで導いて下さった一藝社の菊池公男会長、小野道子社長と編集の労をとってきた岡野さんに心から感謝の意を表したい。

2023年11月

編者　現代保育問題研究会

現代保育内容研究シリーズ8
現代保育の理論と実践Ⅱ ●もくじ

第1章　子どもの食と食育の実践

第1節　子どもの健康と食生活

1　子どもの健康と食生活支援

　近年日本では、生活習慣に起因するがん（悪性新生物）や心疾患、脳血管疾患による死亡原因が多くを占めています。これらの原因となる生活習慣は、小児期から問題がみられることが多く、食育等による子どもの食生活支援が重要な課題であるといえます。子どもの心身の健康のためには、生活の質（QOL）の維持・向上とともに、バランスよい食生活・適度な運動・十分な睡眠等、規則正しい生活習慣の確保が欠かせません。

　「保育所保育指針」（平成30年改定）の第1章総則では、保育所が果たすべき役割について「子どもの心身の健康」を強調しています。また食育の推進についても明記しています。

2　食をめぐる健康政策

　国民一人一人が生活習慣病予防のための食生活を実践できるよう、様々な健康政策が実施されています。以下にその一部を示します。

（1）日本人の食事摂取基準（2020年版）

　「日本人の食事摂取基準」とは、健康な個人や集団を対象に、国民の健康の保持・増進や生活習慣病予防のために必要なエネルギーや栄養素の摂取量の基準を厚生労働省が示したものです。内容は5年ごとに見直

しされています。

※2020年版改定のポイント（2015年版との比較）
・高齢者を 65〜74 歳、75 歳以上の 2 つに区分。
・フレイル予防の観点から高齢者のたんぱく質の目標量を見直し。
・生活習慣病における発症予防の観点から食塩の目標量引き下げ。
・重症化予防を目的として食塩やコレステロール量を新たに記載。

（2）食生活指針

　「食生活指針」は、国民一人ひとりが食生活の改善に取り組むことを目的に、具体的な食生活の目標を掲げたもので、2000（平成12）年、厚生省（現・厚生労働省）・農林水産省・文部省（現・文部科学省）によって策定され、2016（平成28）年一部改正されました。

食生活指針とその実践のために（一部抜粋）
・食事を楽しみましょう。
・1 日の食事のリズムから、健やかな生活リズムを。
・主食・主菜・副菜を基本に、食事のバランスを。
・ごはんなどの穀類をしっかりと。
・野菜・果物、牛乳・乳製品、豆類、魚なども組み合わせて。
・食塩や脂肪は控えめに。
・適正体重を知り、日々の活動に見合った食事量を。
・食文化や地域の産物を活かし、ときには新しい料理も。
・調理や保存を上手にして無駄や廃棄を少なく。
・自分の食生活を見直しましょう。

（3）食事バランスガイド

　食事バランスガイド（**図 1**）は、厚生労働省・農林水産省によって

2005（平成17）年に策定されました。「食生活指針」の内容を取り入れ、1日に「何を」「どれだけ」食べればよいかの目安をコマの形のイラストでわかりやすく示したものです。コマは「主食」「副菜」「主菜」「牛乳・乳製品」「果物」の5つの料理群で構成されていて、それぞれ1日に摂取したい単位量が決められていています。単位は「○つ＝サービング：SV」を用い、栄養学の知識がなくても、料理レベルで1つ（SV）に相当する目安量を組み合わせるだけでバランスよい献立を作れる仕組みになっています。さらに、水分（コマの軸）、運動（回転力）をバランスよく取り入れコマを回すことで、健康な生活が送れることを示しています。

図1　食事バランスガイド

出典：「食事バランスガイド」について（農林水産省）
〈https://www.maff.go.jp/j/balance_guide/〉

3　子どもの食生活の現状と課題

　子どもの食生活の現状は、内閣府より毎年発刊される「食育白書」などから読み取ることができます。特に近年的な課題について以下に述べます。

（1）生活習慣の夜型化と朝食欠食

2022（令和４）年の「幼児の生活アンケート」では、夜10時過ぎに就寝する４〜６歳の保育園児は３人に一人（33.5％）と多く、不規則な生活習慣が子どもの睡眠を妨げ、朝食の欠食を招いているといわれています。2020（令和２）年の調査によると、朝食欠食がみられる３〜５歳児の割合は5.2％であり、睡眠不足や、母親が朝食欠食の習慣がある場合ほど、子どもも欠食傾向にあると言われています。

朝食は、睡眠中に下がった体温を上げ、体を覚醒させるとともに血糖値を上げ、活動のエネルギー源を確保してくれるため、健康な生活を送る基本となります。子どもの朝食欠食は脳の低血糖状態を招き、集中力や注意力の欠損につながり、イライラ感を高めます。

（2）小児期の肥満増加と思春期やせの問題

近年、小児期の肥満は上昇の一途をたどり、ピークの2000年頃は1970年代の２〜３倍に増加しました。その後はゆるやかな減少がみられるものの、食事の欧米化やテレビゲームなど遊びの変化による運動量の低下によって小児生活習慣病（小児期メタボリックシンドローム）が増加しており、幼児期からの適切な食事や運動習慣の確立が重要です。

また、思春期においては、過剰なやせ願望や不適切なダイエットによるやせの問題が心配されています。現在、中高生女子の約８割にやせ願望があり、「思春期やせ症と思春期の不健康やせの実態把握および対策に関する研究（平成27年度）」によると、急激に一定の基準以上にやせた不健康やせの割合は、中学３年生の7.6％、高校３年生の16.5％にみられました。思春期のやせの問題は、拒食や過食・嘔吐を繰り返す摂食障がいの発症や、骨量の減少、体重減少性の無月経、将来の不妊などの問題と密接に結びついています。摂食障がいの一つ、神経性やせ症の小・中・高校生の新規患者が2020、2021年に急増し、新型コロナ禍前（2019年）と比べコロナ禍2021年は1.58〜2.10倍となったことが日本摂食障害学会

の調査で明らかになっています。

第2節　乳児期の発育・発達と食生活

1　乳児期の特徴と食生活

（1）乳児の栄養や摂食機能
① 乳児栄養

　乳児は消化吸収機能が未熟で、成長・発達に個人差があるため、一人一人の発達段階に応じた栄養摂取が望まれます。新陳代謝が活発で体重1kgあたりに必要なエネルギーや栄養素は他の年齢より多くなります。

② 哺乳反射

　乳児は、生まれてすぐに乳汁を飲むことができるよう4つの反射機能が備わっており、これらを哺乳反射と呼びます。

・探索反射……唇に何かが触れると探そうとする反射
・捕捉反射……乳首を唇や舌でとらえる反射
・吸啜反射……乳首を吸う反射
・嚥下反射……口の中の乳汁を飲み込む反射

　このほか、口に入ってきた吸えないもの（固形物）を舌で押し出す押し出し反射がありますが、どちらも生後3～5か月で減退して自然に消失します。乳児の摂食機能は、乳汁を吸うことから離乳食を咀しゃくして食べることへと発達します。

③ 乳歯の形成

　乳歯は生後6～8か月頃に生えはじめ、2歳半～3歳頃までに20本生えそろいます。そして、6歳頃から徐々に永久歯に生え変わります。

④　乳児の胃

　　乳児の胃は、成人のような湾曲がなく円筒形をしています。また、上部の噴門括約筋(ふんもんかつやくきん)が未発達なため、ミルクを吐いたり、口からもれる溢乳(いつにゅう)が多くみられます。

⑤　乳汁栄養の分類

　　乳汁栄養は、母乳のみで育てる母乳栄養、育児用ミルク（粉ミルク）だけで育てる人工栄養、母乳と育児用ミルクを混合で育てる混合栄養に分かれます。

　　母乳栄養は、授乳を通して母子の愛着関係が深まり、乳児と母親にとっても理想的な栄養法といえます。出産後は母乳育児の不安を減らし母乳育児が行いやすい環境をつくることも重要です。

（2）母乳栄養

①　母乳の分泌

　　出産後1週間頃までに分泌される母乳を初乳といい、その後の安定した成分の母乳を成熟乳といいます。初乳は黄白色で、成熟乳に比べて脂質と乳糖が少ないですが、たんぱく質として乳児の感染防御機能を高める免疫グロブリンA（IgA）、ラクトフェリン等を多く含んでいます。

②　母乳栄養の利点

・乳児にとっての利点

　　母乳に含まれる各栄養素は消化吸収率が高く代謝負担が少なくなっています。また、母乳中には細菌やウイルスの抗体を含む免疫グロブリンA（IgA）や、リゾチーム、ラクトフェリンが含まれており、乳児の感染防御機能を高めます。母乳栄養児は生後1年以内のSIDS（乳幼児突然死症候群）の発症頻度が低いという報告もあります。

・母親にとっての利点

　　母子が密着して行う授乳行為は母子間の愛着形成を促し、出産後のマタニティブルーを軽減します。また、母親の体内では授乳により様々な

ホルモンが分泌されます。脳下垂体前葉から分泌されるプロラクチンは乳腺に働いて母乳の生産・分泌を促すため「催乳ホルモン」とも呼ばれています。脳下垂体後葉から分泌されるオキシトシンは「子宮回復ホルモン」といわれ、子宮を収縮させ産後の回復を促します。乳児の吸啜刺激によりこれらのホルモンが作用し母乳の分泌がよくなり、母親の体によい影響を与えます。さらに、授乳期間が長いほど乳がん、子宮がんの発症率が低下するといわれています。

③　母乳の授乳法と母乳不足のサイン

　乳児の生活リズムにあわせて欲しがる時に欲しがるだけ与える授乳法を自律授乳といいます。母乳不足が疑われるサインとしては、体重の増加不良、授乳時間が長い（30分以上）、授乳後すぐに再び欲しがる、便量が少ない、覇気がないなどがあげられます。

④　冷凍母乳の取り扱い

　清潔な冷凍パックに母乳を入れ冷凍保存したものを衛生的に取り扱います。冷凍庫から出した母乳パックを流水で解凍し、その後ぬるま湯で30〜40℃の人肌程度に温めます。電子レンジや直火での解凍は、母乳の鮮度や免疫物質が破壊され栄養成分が損なわれるため行いません。解凍したものの再冷凍はできません。

⑤　母乳の留意点

・母乳性黄疸

　母乳不足により血液中のビリルビン値が多くなり、皮膚や眼球が黄色くなる状態を母乳性黄疸といいます。生後1週間頃から強まり3か月頃まで持続します。母乳性黄疸は病的黄疸と区別され、一般的に母乳を中止する必要はありません。

・ビタミンK欠乏

　母乳栄養はビタミンK不足を招くことがあります。ビタミンKは血液凝固作用があり、欠乏すると頭蓋内出血症を引き起こします。現在は予防として、新生児へのビタミンK2シロップ剤の経口投与が合計3回

以上（生後間もなく・1週間頃・1か月頃）行われるようになり、欠乏症はほとんどみられません。

・母乳を介する感染症

　母乳を介する乳児への細菌・ウイルスの感染は、成人T細胞白血病、ヒト免疫不全ウイルス（HIV）、サイトメガロウイルス等があります。これらの病原体（微生物）を持つ母親は母乳育児を避ける対処をします。

・服薬の影響

　薬の成分の多くは母乳に分泌されます。微量であれば乳児への害は少ないといわれていますが、キノロン系の抗生物質が母乳に移行したケースで乳児の意識障害が報告されています。授乳中の母親が薬を服用する場合は、医師への相談が必要です。

・たばこ、アルコールの影響……前章参照。

（3）人工栄養

①　調製粉乳の栄養

　人工栄養は母乳育児が困難な場合に選択され、牛乳を母乳の成分に近づけた調製粉乳（育児用ミルク）が主に用いられます。調製粉乳の成分組成は以下のように配慮されています（表1）。

表1　調製粉乳の組成の特徴

栄養素	配慮事項
たんぱく質	乳児の胃に負担がかからないようカゼインの割合を減らし、乳清たんぱく質の比率を増やし母乳と同じ割合にしている。
脂質	必須脂肪酸の組成を母乳に近づけるため、乳脂肪の多くを植物油や魚油に置き換えている。脳に多く含まれるDHAやアラキドン酸を添加。
糖質	ほとんどが乳糖に置き換えられている。一部オリゴ糖を添加。
ミネラル	乳児の腎臓に負担となるミネラルは減量し、鉄、亜鉛、銅を強化している。
ビタミン	母乳に不足しがちなビタミンKを添加。
その他	乳児の感染防御機能を高めるため、ビフィズス菌やラクトフェリン等を添加。

筆者作成

② 調乳方法

調乳方法は以下の２つの方法があります。

・無菌操作法

一般的に家庭や保育所で行う方法で、授乳の都度、哺乳瓶で１回分ずつ調乳する方法です。一度沸騰させ70℃以上に保った湯で粉ミルクを溶かし、適温（40℃程度）に冷まして用います。

・終末殺菌法

病院や乳児院など多数の乳児を扱っている施設でよく用いられています。１日分の粉ミルクをまとめて調乳し哺乳瓶に入れ、哺乳瓶ごと煮沸消毒します。消毒後は冷蔵庫で保管し、授乳の都度適温に温めて用います。

③ その他の調製粉乳と特殊ミルク

育児用ミルクには、母乳の代用品である乳児用調製粉乳のほかに、離乳食後期以降（９か月～）に不足しがちなビタミン・ミネラルを添加したフォローアップミルクや、アレルギー児に対応した牛乳アレルゲン除去ミルク・大豆たんぱく乳・無乳糖粉乳、先天性代謝異常症用の治療乳などがあります。

（４）混合栄養

母乳不足や母親の就労などの理由で母乳が十分に与えられない場合、不足分を人工栄養（粉ミルク）で補う混合栄養を用います。母乳の分泌を維持するため可能な限り母乳を吸わせる機会を多くします。

（５）離乳の意義と実践

① 離乳の意義

厚生労働省の「授乳・離乳の支援ガイド」（2007年）によると、「離乳とは、母乳または育児用ミルク等の乳汁栄養から幼児食に移行する過程」と定義されています。乳児の発育は目覚ましく、生後５～６か月ごろに

なると、水分の多い乳汁だけではエネルギー・栄養素とも不足し、食物からの栄養補給が必要となります。また離乳は、乳児の消化機能・摂食機能の発達や、精神発達、正しい食習慣の確立に大きな役割を果たしています。

② 離乳の開始と完了

　離乳の開始は、なめらかにすりつぶした状態の食物を初めて与えたときを言い、通常生後5～6か月からです。発達の目安として、①首のすわりがしっかりしている、②支え座りができる、③食べものに興味を示す、④スプーンなどを舌で押し出す反射や哺乳反射が減弱していること、などがあげられます。離乳の完了は、形ある食物を噛みつぶすことができ、エネルギーや栄養素の大部分を乳汁以外の食物から摂れるようになった状態を指し、通常12～18か月頃です。

③ 離乳食の進め方と配慮事項

・離乳食の進め方

　離乳食の進め方の目安について次の**表2**に示します。

※離乳食を進める際の注意

　離乳食を進める際の注意点について、下記にまとめます。

・離乳食の開始は、アレルギーの心配の少ないおかゆ（米）から始める。

・初めての食品は1さじずつ与える。

・素材の味を楽しめるよう薄味を基本とし、塩分濃度は通常の50％程度までとする。

・卵は卵白にアレルギー原因物質が多く含まれるため、固ゆでの卵黄から進める。

・魚は消化しやすい白身魚から始め、白身魚→赤身魚→青皮魚と進める。

・肉類は脂質が多く消化不良を起こしやすい。脂質の少ない鶏ささみなどから始める。

・牛乳に含まれるカルシウムは、乳児の腸内で鉄の吸収を妨げ牛乳貧血

表2　離乳食の進め方の目安

離乳の開始 ━━━━━━━━━━━━━━━━━━▶ 離乳の完了

以下に示す事項は、あくまでも目安であり、子どもの食欲や
成長・発達の状況に応じて調整する。

		離乳初期 5-6か月	離乳中期 7-8か月	離乳後期 9-11か月	離乳完了期 12-18か月
進め方の目安		○子どもの様子をみながら1日1回1さじずつ始める。 ○母乳や育児用ミルクは飲みたいだけ与える。	○1日2回食で食事のリズムをつけていく。 ○いろいろな味や舌ざわりを楽しめるように食品の種類を増やしていく。	○食事のリズムを大切に、1日3回食に進めていく。 ○共食を通じて食の楽しい体験を積み重ねる。	○1日3回の食事リズムを大切に、生活リズムを整える。 ○手づかみ食べにより、自分の食べる楽しみを増やす。
調理形態		なめらかにすりつぶした状態	舌でつぶせる固さ	歯ぐきでつぶせる固さ	歯ぐきで噛める固さ
1回あたりの目安量	Ⅰ.穀類	つぶしがゆからはじめる。 すりつぶしや野菜なども試してみる。慣れてきたらつぶした豆腐、白身魚・卵黄などを試す。	全がゆ 50～80g	全がゆ 90～軟飯80g	軟飯 90～ご飯80g
	Ⅱ.野菜・果物		20～30g	30～40g	40～50g
	Ⅲ.魚		10～15g	15g	15～20g
	又は　肉		10～15g	15g	15～20g
	又は　豆腐		30～40g	45g	50～55g
	又は　卵		卵黄1個～ 全卵1/3個	全卵1/2個	全卵 1/2～2/3個
	又は　乳製品		50～700g	80g	100g
歯の萌出の目安			乳歯が生え始める。		1歳前後で前歯が 8本生えそろう。 離乳完了期の後半頃に奥歯（第一乳臼歯）が生え始める。
摂食機能の目安		口を閉じて取り込みや飲み込みが出来るようになる。	舌と上あごでつぶしていくことが出来るようになる。	歯ぐきでつぶすことが出来るようになる。	歯を使うようになる。

＊衛生面に十分に配慮して食べやすく調理したものを与える。

（2019年　授乳離乳の支援ガイド改訂より一部改変）

出典：「授乳・離乳の支援ガイド」（2019年改定）、厚生労働省をもとに筆者作成

を招くため、飲用は1歳以降とする。

・ハチミツはボツリヌス菌による乳児ボツリヌス症予防のために1歳まで与えない。

・食事量が適切かどうかは、成長の経過で乳幼児身体発育曲線（パーセンタイル曲線）のグラフに照らし合わせて評価する。

④　ベビーフード（市販されている離乳期の乳児用食品）

　近年様々なベビーフードが市販されていて、フリーズドライ食品や、容器からそのまま食べられる便利なレトルト食品など種類も豊富です。ベビーフードは薄味で、塩分濃度は0.5％以下に調製されています。市販のベビーフードは簡便である一方、食材ごとの味が感じにくい、噛む力が育ちにくい、などの課題もあります。手づくりの離乳食を基本とし、上手に組み合わせて利用することが望まれます。

⑤　手づかみ食べの支援

　「手づかみ食べ」は食べものを目で確かめて、手指でつまんで、口へ運んで入れるという目と手と口の協働運動で、大脳の発達を促し摂食機能を高めます。家庭や保育所では、乳児が積極的に手づかみ食べできるよう、環境設定（汚れてもいいよう床にシートを敷く。大きめのエプロンを着けるなど）や調理の工夫（手づかみしやすい形状に調製）を行うことが望まれます。

第3節　幼児期の発育・発達と食生活

1　幼児期の特徴と食生活

（1）幼児期の栄養特性

　幼児期（1〜5歳）は骨格や内臓、脳の発育が著しい時期です。身体活動が活発になり、エネルギーや栄養素の必要量も増加します。食事摂

取基準によると、成長期である幼児の体重1kgあたりに必要なエネルギーや栄養素量（たんぱく質、カルシウム、鉄など）は、成人と比較し2〜3倍多くなっています。

しかし、消化吸収機能が未熟なため3度の食事だけで必要量を補うことができず、間食の摂取が必要となります。

（2）幼児期の食生活の特性

幼児期における規則正しい食生活のリズムの確立は、正しい生活習慣の基礎となります。保護者が孤食や朝食欠食等の問題点を知り、正しい間食や食事を実践することが求められます。

この時期にみられる食の問題として、幼児前期（1〜2歳）は遊び食べ、幼児後期（3〜5歳）は好き嫌い、偏食などがあげられます。また幼児期の肥満は学童期以降の肥満に移行する割合が高く、注意が必要です。

（3）間食の意義

幼児期の間食は、3食の食事では補えない成長に必要なエネルギーや栄養素を充足する機会であるため、栄養バランスを考えたものを選びます。間食の適量は、1〜2歳は1日の総エネルギーの10〜15％（100〜150kcal）、3〜5歳は15〜20％（200〜260kcal）とされています。間食の回数は、一般的に1〜2歳は午前・午後の2回、3〜5歳は午後に1回とされています。午前の間食は昼食に支障がないよう軽いもの（果物やビスケット、ヨーグルトなど）、午後の間食は夕食まで時間があるため腹持ちの良い主食系のもの（おにぎり、蒸しパン、ふかし芋など）が適当です。

第4節　学童期以降の特徴と食生活

1　学童期・思春期の心身の発達

　小学校6年間（6～11歳）を学童期といいます。学童期の高学年は、思春期を迎え心身ともに大きく成長する時期で第二発育急進期とよばれています。思春期は女子のほうが約2年早く迎え10～16歳頃、男子は12～18歳頃です。諸器官が成長する思春期は、ホルモンの分泌量が増加し性成熟へ向かいます（二次性徴）。

　また、幼児期の自己中心性が消え、論理的・抽象的な思考力や、自己抑制力が身についてきます。思春期になると自我のめざましい発達により、親離れや第二反抗期を迎えます。

2　学童期の食生活と給食

（1）学校給食の目的

　学校給食は学童期の食生活で重要な役割を担っています。学校給食は「学校給食法」（1954年施行、2008年に改正）に基づき実施されています。学校給食法では、学校給食の目的について「児童及び生徒の心身の健全な発達に資するものであり、かつ、児童及び生徒の食に関する正しい理解と適切な判断力を養う上で重要な役割を果たすものであること」と示しています。また、学校給食を活用した食育の推進についても明記されています。

（2）学校給食の栄養基準

　学校給食の内容は、文部科学省が定めた学校給食摂取基準を目安にしています。1日の食事摂取基準に対する学校給食の割合は、日常的に不足しがちなカルシウムが最大で50％に設定されています。また、生活習慣病の低年齢化の問題に考慮し、食物繊維とナトリウム（食塩相当量）

の新基準を設けています。さらに、マグネシウムや亜鉛の目標量も設定し、家庭で不足しがちな栄養素の補給に一役買っているのです。

（3）献立内容の充実

　学校給食は、学校における食育推進の教育的役割も担っています。2013（平成25）年の学校給食実施基準の一部改正においては「食に関する指導に学校給食を活用した指導が行えるよう配慮すること」とし、献立計画の作成・提示や、他教科との連動、地場産の食品の使用・食文化の継承、食物アレルギー児への対応強化などが盛り込まれました。

（4）学校給食の現状

　学校給食は、①完全給食（主食・おかず・ミルク）、②補食給食（おかず・ミルク）、③ミルク給食（ミルクのみ）の3つに分類されています（**表3**）。

表3　令和3年度学校給食実施状況

区分	完全給食	補色給食	ミルク給食
小学校	98.7%	0.7%	0.1%
中学校	89.1%	0.3%	2.1%
特別支援学校	88.4%	0.1%	0.8%

出典：文部科学省「学校給食実施状況調査」をもとに筆者作成

（5）栄養教諭制度

　2005（平成17）年に栄養教諭制度が発足し、栄養教諭の役割として子どもへの栄養指導が位置づけられました。栄養教諭は学校における食育推進の中核的な役割を担っています。

3　学童期・思春期の食生活の問題

　学童期・思春期を取り巻く食の問題として、生活リズムの夜型化による間食・夜食、朝食欠食、孤食、肥満による小児生活習慣病（小児期メ

タボリックシンドローム）、不健康なダイエット・やせ、拒食症（神経性無食欲症）や過食症（神経性過食症）などの摂食障害などがあげられます。

第5節　家庭や施設における食事と栄養

1　家庭における食事

　家庭における食事は、子どもの食習慣や嗜好、食に対する意識に大きな影響を及ぼします。家庭における食生活の問題点としては、生活の夜型化による間食・夜食の問題や朝食欠食、孤食の問題、外食・中食の多用などがあげられます（第1章参照）。

　また、子どもの食の悩みは、母親の精神的ストレスとなり重くのしかかります。そのため、保育所や地域の子育て支援拠点では離乳食教室を開くなど地域の子育て家庭に向けた様々な取り組みが実施されています。

2　児童福祉施設における食事と栄養

（1）児童福祉施設における食事とその役割

　児童福祉施設には保育所をはじめとする通所施設や乳児院や児童養護施設などの入所施設があり、食事が提供されています（基本的に通所施設は1食、入所施設は3食提供される）。健康な児に提供する食事を保健食と呼び、治療を目的に提供される食事を治療食と呼びます。これらの食事は、食事摂取基準に基づき、栄養必要量が確保されています。

・保健食（3食提供）……乳児院・児童養護施設等
・保健食（1食提供）……保育所・福祉型児童発達支援センター等
・治療食（3食提供）……医療型障害児入所施設等

施設における食事は、みんなで一緒に食べる共食の楽しさを味わうとともに、配膳の手伝いや食事前後のあいさつなどを通して食のマナー等を学ぶ場でもあります。

（2）施設別の食事と栄養

　各児童福祉施設の役割は違いますが、食事における基本的な考え方は共通しています。児童福祉施設における食事の提供ガイド（平成30年・厚生労働省）によると、「児童福祉施設における栄養管理の特徴としては、子どもは、施設で食べる食事によって栄養を補給することができる。提供する食事が、摂取する子ども一人一人の発育・発達段階、健康状態・栄養状態に適したものであることによって、必要なエネルギー及び栄養素の補給につながる」と書かれています。それを踏まえた上で、いくつかの施設における具体的な食事と栄養について以下に示します。

① 保育所

　乳幼児を対象にし、基本的には1日1食＋（間食、補食）です。

　各保育所では男女別、身長や体重、カウプ指数等の分布状況から保育所独自の数値を算出したうえで給食計画を立て、食物アレルギー児等には個別の対応を行います。

■保育所の食事

・「乳汁」「離乳食」「発達段階に応じた幼児食」等、段階的に適切な食事を与え、摂食機能の発達を促す。
・乳幼児期は心身両面にわたって大きな個人差があるので、個人差への配慮が必要。
・家庭との連絡を密にする。
・生涯にわたる食習慣の基礎が形成される重要な時期。

② 乳児院

　原則1歳未満の子ども（乳児）が対象です。この時期は1対1の関係、落ち着いた雰囲気での授乳、食事介助が大切です。

　乳汁栄養は、食事摂取基準の目安量を参考にしながら、哺乳量は毎回記録し、成長曲線やカウプ指数等の指標を活用して発育状態をみていきます。

③ 児童養護施設

　さまざまな生活環境で育った子どもたちが生活しているため、家庭的な雰囲気の食事が大切となります。皆でおいしく、楽しく食事をすることによって、心身の発達を促し、よい人間関係を築くことができます。施設の職員は、食事の作り方だけでなく、食事のマナーや食文化等も伝え、支援していきます。また、将来、自立したり、家庭を築いたりすることを意識した食育を行います。

④ 障害児施設

　障害の種類も多岐にわたるので、それぞれの障害に個別に対応し、一人ひとりの子どもにあった食事提供がされています。摂食・嚥下機能の障害のある子どもには、口腔機能や体調にあった食事の提供が大切になります。そのままあてはめることはできませんが、食事摂取基準を参考に食事提供を行っています。

第6節　食育の基本と内容

1　食育の必要性

　現代人の食生活の乱れによる朝食欠食、生活習慣病の増加など食を取り巻くさまざまな課題に取り組むため、2005（平成17）年食育基本法が施行されました。

食育基本法　前文（一部抜粋）

・食育を、生きる上での基本であって、知育、徳育及び体育の基礎となるべきものと位置付ける。

・様々な経験を通じて「食」に関する知識と「食」を選択する力を習得し、健全な食生活を実践することができる人間を育てる食育を推進することが求められている。

・消費者と生産者の信頼関係を構築・食文化の継承・食料自給率の向上が期待されている。

・今こそ、家庭、学校、保育所、地域等を中心に、国民運動として、食育の推進に取り組んでいくことが、我々に課せられている課題である。

2　食育推進基本計画

　食育基本法を受けて、2006（平成18）年には食育の計画的な推進を図るための基本的事項を定めた「第1次食育推進基本計画」が公表されました。その後、5年ごとに改定され、2021（令和3）年には、「第4次食育推進基本計画」が公表されました。その中の3つの重点項目（次頁図2）である「生涯を通じた心身の健康を支える食育の推進」「持続可能な食を支える食育の推進」「「新たな日常」やデジタル化に対応した食育の推進」については、家庭や保育所などにおいても食育活動が求められています。

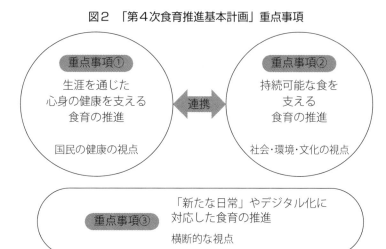

図2　「第4次食育推進基本計画」重点事項

重点事項①
生涯を通じた
心身の健康を支える
食育の推進

国民の健康の視点

連携

重点事項②
持続可能な食を
支える
食育の推進

社会・環境・文化の視点

重点事項③
「新たな日常」やデジタル化に
対応した食育の推進
横断的な視点

＜SDGｓの観点から相互に連携して総合的に推進＞

出典：「第4次食育推進基本計画」啓発リーフレットをもとに筆者作成
〈https://www.maff.go.jp/j/syokuiku/plan/4_plan/attach/pdf/index-28.pdf〉

3　保育所保育指針における食育

　「保育所保育指針」は2018（平成30）年に改定され、保育所で食育に
取り組むことの必要性が明記されました。また、「第3章 健康及び安全」
の2節において「食育の推進」という項目が追加されました。同節では、
保育所における食育の目標として「食を営む力」の基礎を培うことを掲
げ、①生活と遊びの中で食べることを楽しむこと、②食育計画を作成し
保育計画に位置付けること、③食材や調理する人への感謝の気持ちを育
てる保育環境に配慮すること、④病気や食物アレルギー、障害のある子
どもへの対応は一人一人の状態に応じ適切に行うこと、などが盛り込ま
れました。

4 保育所における食育に関する指針

　厚生労働省による「保育所における食育に関する指針」(2004年) では、「食を営む力」の基礎を培う、という食育目標の実現に向けて、次の通り目指す5つの子ども像を掲げています (**図3**)。

① 　お腹がすくリズムのもてる子ども
② 　食べたいもの、好きなものが増える子ども
③ 　一緒に食べたい人がいる子ども
④ 　食事づくり、準備にかかわる子ども
⑤ 　食べものを話題にする子ども

図3 　「保育所における食育に関する指針」の目標と内容

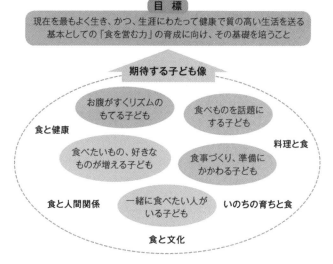

出典：厚生労働省「楽しく食べる子どもに～保育所における食事に関する指針～」
　　　(平成16年3月) をもとに筆者作成

また、食を営む力の基礎を培う観点から「食育の5項目」（食と健康・食と人間関係・食と文化・いのちの育ちと食・料理と食）を定め、保育の5領域（健康・表現・言葉・環境・人間関係）とともに総合的に展開されるべきであると述べています（**図4、図5**）。

図4　保育所における「食育の5項目」ごとの取組と期待される子どもの育ち

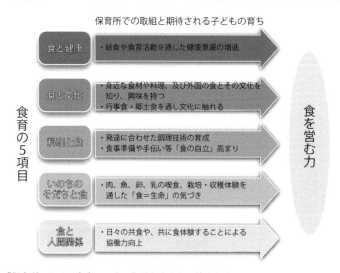

出典：「保育所における食育に関する指針」をもとに筆者作成

図5　食育媒体の一例「かながわ食育カルタ」

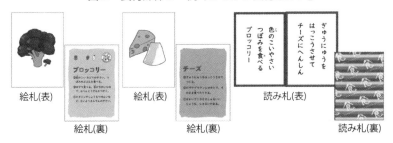

絵札(表)　　　　　　絵札(表)　　　　　　読み札(表)

絵札(裏)　　　　　　絵札(裏)　　　　　　読み札(裏)

※学校法人岩崎学園 横浜保育福祉専門学校 食育ゼミが神奈川県農政課と協働し2017年に作成。三色栄養と合体した両面カルタの構造の独自性が認められ、2020年実用新案取得。
神奈川県未病対策応援プログラムとして、県下の保育施設や食育イベント等で、楽しく遊びながら栄養バランスや食育の知識が身に付くカルタ遊びを実践中。

5　食育の計画・実践と支援

　前述の「保育所保育指針」第3章2節「食育の推進」には、「食事の提供を含む食育計画を全体的な計画に基づいて作成し、その評価及び改善に努めること」と明記されています。食育計画は、全体的な保育課程に基づき、具体的な指導計画の中にしっかり位置付け作成されることが求められます。

　保育所における食育の推進にあたっては、課題に対してしっかりアセスメント（状況把握）を行い、目標を明確化した計画（Plan）を立て、実践（Do）します。実践後は必ず評価（Check）を行い、次の目標に向けて改善（Action）できるようにします。この手順を繰り返しながら目標達成を目指す手法をPDCAサイクルといい、保育所で食育を推進するにあたってはPDCAサイクルの活用が基本となります。食育の推進は保育士だけでなく、栄養士、調理員、看護師等の職員が連携しそれぞれの専門性を生かし取り組むことが重要です。

6　食を通した保護者への支援

　保護者の授乳や食事についての不安は、出産直後をピークに減少する

ものの4～6か月で再び増加し、1歳前後で高くなる傾向があります（平成27年度乳幼児栄養調査）。

　保護者の支援について、「保育所保育指針」は第1章　総則において、保育所は「入所する子どもの保護者に対する支援及び地域の子育て家庭に対する支援等を行う役割を担う」と明記しています。そのため保育所に勤務する保育士や栄養士は、それぞれの立場で入園児の保護者や地域の子育て家庭に対して食に関する相談支援を行うことが求められています。

　また、地域においても、親子向けクッキングなどの食育・子育て支援イベントが積極的に行われています。2020年からのコロナウイルス感染拡大により、一時的に減少しましたが、感染予防のためのオンライン食育イベントなどICTを駆使した新しい形の食育実践が行われ始めています（**図6、図7、図8**）。

図6　オンラインと対面を併用した　　　親子クッキング教室の様子

出典：横浜保育福祉専門学校
　　　食育ゼミ主催「よこほっとキッチン」

図7　コロナ禍でのオンライン　　　父親料理教室を報じる　　　新聞記事

出典：神奈川新聞2020年10月18日付

図8　オンライン食育イベント参加　　　児の家庭での変化

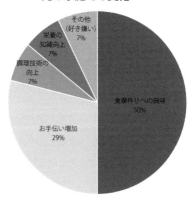

その他
（好き嫌い）
7%

栄養の
知識向上
7%

調理技術の
向上
7%

食事作りへの興味
50%

お手伝い増加
29%

筆者作成
対象：2020年、横浜保育福祉専門学校 食育
　　　ゼミ主催 親子向け調理イベント参加
　　　児58名

【参考文献】

文部科学省・厚生労働省・農林水産省「食生活指針の解説要領　平成28年
　6月」〈https://www.mhlw.go.jp/file/06-Seisakujouhou-10900000-Kenko
　ukyoku/0000132167.pdf〉（2023.10.1 最終アクセス）

「日本人の食事摂取基準」策定検討会「日本人の食事摂取基準 (2020年版)『日
　本人の食事摂取基準』策定検討会報告書　令和元年12月」〈https://
　www.mhlw.go.jp/content/10904750/000586553.pdf〉（2023.10.1 最終ア
　クセス）

フードガイド（仮称）検討会「〔フードガイド（仮称）検討会報告書〕食事
　バランスガイド　平成17年7月」〈https://www.maff.go.jp/j/balance_
　guide/b_report/attach/pdf/index-1.pdf〉（2023.10.1 最終アクセス）

インテージリサーチ「文部科学省委託調査　平成 30 年度家庭教育の総合的
　推進に関する調査研究〜子供の生活習慣と大人の生活習慣等との関係
　に関する調査研究〜報告書　平成31年3月」〈https://katei.mext.go.jp/
　contents2/pdf/H30_kateikyouikushien_houkokusyo.pdf〉（2023.10.1 最
　終アクセス）

研究分担者／吉岡有紀子、研究協力者／齋藤沙織・塩原由香「令和2年度
　厚生労働行政推進調査事業費補助金 成育疾患克服等次世代育成基盤研
　究事業（健やか次世代育成総合研究事業）分担研究報告書　児童福祉
　施設（保育所）に通所している幼児の食生活状況」〈https://mhlw-
　grants.niph.go.jp/system/files/report_pdf/202007010A-buntan5_0.pdf〉
　（2023.10.1 最終アクセス）

日本摂食障害協会「日本財団2019年度支援事業　調査報告書　新型コロナ
　ウイルス感染症が摂食障害に及ぼす影響」〈https://www.jafed.jp/pdf/
　covid-19/covid19_single.pdf〉（2023.10.1 最終アクセス）

「授乳・離乳の支援ガイド」改定に関する研究会「授乳・離乳の支援ガイド
　2019年3月」〈https://www.mhlw.go.jp/stf/newpage_04250.html〉

厚生労働省雇用均等・児童家庭局母子保健課「児童福祉施設における食事

の提供ガイド─児童福祉施設における食事の提供及び栄養管理に関する研究会報告書─平成22年3月」〈https://www.mhlw.go.jp/shingi/2010/03/dl/s0331-10a-015.pdf〉（2023.10.1 最終アクセス）

みずほリサーチ＆テクノロジーズ「厚生労働省 令和4年度子ども・子育て支援推進調査研究事業 児童福祉施設等における栄養管理や食事の提供の支援に関する調査研究報告書 2023（令和5）年3月」〈https://www.mizuho-rt.co.jp/case/research/pdf/r04kosodate2022_05.pdf〉（2023.10.1 最終アクセス）

厚生労働省「第4次食育推進基本計画 令和3年3月」〈https://www.mhlw.go.jp/content/000770380.pdf〉（2023.10.1 最終アクセス）

保育所における食育のあり方に関する研究班 平成15年度 児童環境づくり等総合調査研究事業「楽しく食べる子どもに～保育所における食育に関する指針～平成16年3月」〈https://www.mhlw.go.jp/stf/shingi/2r9852000001j4t2-att/2r9852000001j4za.pdf〉（2023.10.1 最終アクセス）

第2章　インクルーシブ教育・保育の現在地

第1節　園生活がしづらい子どもたち

1　"ふつうってなんだろう？"

「ふつうってなんだろう」は NHK の教育番組「u&i」で放送されていて、周りの人と感じ方が違う、人とうまくコミュニケーションを取れない、感情をコントロールするのが難しい……、そんな「どうにもならないふつう」を抱える人たちが自らの声で語る2分間のアニメシリーズです。私たちは、"ふつう"という言葉をよくつかいます。たとえば「今日の気分は？」と聞かれて「う～ん。"ふつう"かな」と答えたり、「"ふつう"はこれくらいできるよね」と言ったり、生活のいろいろな場面で用いられています。では、"ふつう"って一体なんでしょう。

　保育の場では、生活を共にする子どもたち同士が刺激を与えあうなかで、すべての子どもが一人ひとり多様な姿を見せながら育っていきます。そこには、障害や病気によって配慮やケアが必要な子ども、外国にルーツをもつ子ども、性的マイノリティの子ども、不適切な養育環境、経済的困窮のなかで育つ子どもなど、さまざまな背景をもつ子どもがいます。保育者は、一人ひとりの子どもに合わせた保育を模索しますが、多様な子どもがいることを前提に、どの子も安心して自分らしく生活する権利を保障するためには、現在の保育の仕組み（園の状況、保育内容・方法等）のままでは難しいのが実状です。

　保育の形態には、保育者が子どもに経験させたい活動をもとに計画し

て進める一斉保育もあれば、子どもが自分でしたい遊びを選択する自由な保育もあります。かつては、保育者の声かけで全員が一斉に同じ行動する形態が主流で、多くの場面でみんなが同じであることを前提とした「同質性」を重要とする保育実践が行われていました。しかし、クラスには保育者の説明を理解できなかったり、落ち着かずに席を離れたりして「同じようにできない子」や「他の遊びをしたい子」もいます。そこで保育者は、一人ひとりに合わせて対応しながら、保育者が計画した活動の枠組みに沿えるよう誘いかけます。このような保育形態について浜谷（2018）は、保育者が望ましいとする基準から外れる子どもがいた場合、子ども集団に「できる・できない」という観点での序列化や排除が生じることを免れないとも指摘します。

　また、近年では発達障害に関する知識や対応について、書籍やインターネット等で多くの情報を入手できるようになり、保育現場でも研修が進められるなどして浸透してきました。「発達障害」という用語は、2005年に発達障害者支援法が施行され、2007年4月から特別支援教育が始まる流れのなかで一般化してきました。しかし、一方で「落ち着きがないのは発達障害のせいではないか」「発達障害だから友だちとうまく関われない」など、表面化した言動を容易に発達障害と関連づけようとする傾向もみられます。

　時として、子どもに対して「……ができないと小学校で困る」など、本人のみに解決の努力や行動の変容を求める支援が中心となることがあります。発達障害の症状は、生まれつきの脳機能の特性に起因します。診断が出たから「障害児」になるというよりも、多様性に寛容な環境であれば特性が活かされ、困難が生じやすい環境であれば特性が「障害」になるというように、置かれた環境によって特性が強まったり弱まったりするものです。この考え方が、後で述べる「社会モデル」です。私たちは、子どもをとりまく環境側に障害を生み出す構造がないか考えた上で、必要があれば環境を調整する、あるいは、新しい仕組みをつくるこ

とを論点とする必要があります。

　私たちの意識の中に、多数の人ができることができれば"ふつう"で、そこから逸脱すると「何か問題がある」とみなしがちなところはないでしょうか。日本人は和を重んじることから、海外と比べて同調化圧力が強い国だといわれます。本章では、誰もが違いを尊重しあい自分らしくあることに自信がもてるインクルーシブな教育・保育の実現にむけて、その現在地について考えていきます。

2　障害の社会モデル再考

　発達障害者支援法の施行から11年が経過した2016年、一層の支援充実のため初めての大規模な改正がなされました。この改正で、発達障害者は「発達障害（自閉症、アスペルガー症候群その他の広汎性発達障害、学習障害、注意欠陥多動性障害などの脳機能の障害で、通常低年齢で発現する障害）がある者であって、発達障害及び社会的障壁により日常生活または社会生活に制限を受けるもの」（下線部筆者）と定義されました。さらに、社会的障壁について「発達障害がある者にとって日常生活又は社会生活を営む上で障壁となるような社会における事物、制度、慣行、観念その他一切のもの」を指すとしました。つまり、この改正によって私たちが支援を考えるうえでの焦点は、発達障害がある人の日常生活や社会生活に制限を与える環境であることが明確にされたといえます。

　仮に、**図1**（次頁）で左側を「健常（定型発達）」、右側を「障害（非定型発達）」とします。右側へいくほど徐々に色が濃くなりますが、ここまでが軽度だとか、ここからは重度といった境界線はなく、同一線上で地続きになっています。発達障害の診断は、血液検査等の医学的検査でなく行動特徴の聞き取りや平時の観察所見をもとに行われます。発達障害にみられるような特徴は、実は程度の差こそあれ誰もが持っているもので、それが「個性的」と言われる場合もあれば、「周囲の理解があれば大丈夫」な場合もあります。また、周囲の理解や本人の努力で難し

い場合には専門的支援が必要な場合もあります。このように発達障害は、子どもが過ごす社会的環境（保育であれば園の環境）によってB方向に近づくと「障害」になり、A方向に近づくと「健常」になることがあり得るのです。この場合の環境には物的環境だけでなく人的環境も含まれます。そして、この境界線は住んでいる国や文化、時代の価値観などによっても変わります。たとえば、場の空気を読まずに自分の考えを口にする行動は日本では困ったものと受け取られがちですが、アクティブ・ラーニングの先進国であるアメリカでは"ふつう"になるかもしれません。

図1　発達障害の捉え方

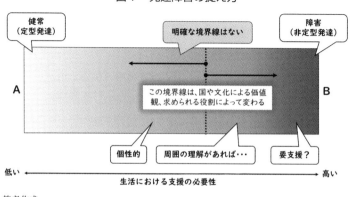

筆者作成

　一方で、障害とは何かという問いに対して、"医学モデル"と"社会モデル"という考え方があります。医学モデルは、障害を個人の内側にある医学的欠損と捉え、機能障害によって生じる困難は本人の努力で解消するものとして個人の問題とされます。それに対して社会モデルでは、園生活のしづらさは、障害のない多数派の子どもを前提に作られた社会（園や学校）と障害のある子どもとの間に存在し、その相互作用の中で生じる障壁（バリア）こそが子どもが被る困難の要因であると考えます。したがって、子どもの園生活のしづらさを緩和・解消するためには、子どもを変えることではなく、子どもをとりまく環境を整えることが必要

となります。この社会モデルは、現在の国際標準となっている障害観であり、障害者の権利に関する条約（略称：障害者権利条約）の根底にもなっています。医学モデルから社会モデルへのパラダイムシフトが起きて久しいですが、未だ支援が必要な子どもの教育や保育においては、医学モデルから抜け出しているとは言い難い側面があります。どちらのモデルに即して考えるかによって、子どもへのアプローチは違ってきます。

　たとえば、発達障害の１つである自閉スペクトラム症（以下、ASD：Autism Spectrum Disorder）の診断基準である「コミュニケーションおよび対人的相互反応における困難」を社会モデルに当てはめると、ASD児のコミュニケーションの困難さは障害特性そのものでなく、個人と環境との相互作用の中に障害が生じていると考えられます（**図2**）。つまり、障害があるからコミュニケーションがとれないのでなく、「ASD児と周りの人たちがコミュニケーションをとるうえで困難さがある」と捉えることができます。この共通認識が保育者にないと、保育の環境はそのままで、支援が必要な子どもを同年齢の発達水準までいかに引き上げるか、いかに集団に適応させるかが第一目標にされることになります。綾屋（2018）は、障害のある個人だけに変容を求めるのでなく、個人と社会の

図2　障害の社会モデル

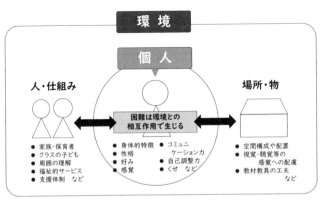

筆者作成

双方が互いに対して無理強いをしない歩み寄りが可能になることで、個人と社会の間に生じる「障害」が小さくなる可能性を示唆しています。障害の社会モデルは、教育や保育の環境を根本から考え直そうと私たちに呼びかけているといえます。

第2節　インクルーシブ教育・保育への接近

1　障害者権利条約　〜初の対日審査を終えて〜

　「私たちのことを私たち抜きで決めないで（Nothing about us without us）」のスローガンのもと、多くの障害当事者が関わり策定されたのが障害者権利条約です。国連が2006年に採択し、日本は2014年に批准した、障害のある人が差別を受けることなく「暮らす・育つ・学ぶ・働く」という当たり前の権利を保障する国際条約です。条約は国と国との文書での約束事であり、日本では日本国憲法の次に位置付く重要なものです。また、条約には批准国が条約の内容を国内でどう実現しているかを定期的にチェックする仕組みが設けられています。日本政府は2022年8月22日・23日に、スイスの国連欧州本部で初めての審査（建設的対話）を受けました。その後、同年9月9日に国連障害者権利委員会は、日本政府への審査を踏まえた政策の改善点についての勧告（総括所見）を発表しました。法的拘束力はありませんが、極めて重いものとして政府は対応を求められます。国連勧告のなかで、"urge（強く要求する）"と強い表現で示された1つが第24条（教育）でした。その内容には「障害のある子どものインクルーシブ教育の権利を認めること」と記されていました。さらに、勧告内容を詳しく解説した一般的意見第4号には、「インクルーシブ教育には、すべての児童生徒のニーズに合致した環境を提供するために、教育内容や指導方法、学校組織体制などを変更する制度改革のプ

ロセスが含まれる」との指摘がありました。これは、先述した障害の社会モデルと同じように、教育へ参加できないことの障壁が、学校教育システムという環境因子との関係で生じているという理解に基づいています。

　インクルーシブ教育は、1994 年のサラマンカ宣言で示された教育理念であり、その出発点は、障害児も含めて特別な教育的ニーズのある子どもが通常の教育システムで学ぶことでした。そして現在、「インクルーシブ教育とは、すべての学習者に関与できる教育システムの能力を強化していくプロセス」（国連教育科学文化機関 UNESCO, 2017）と考えられています。下記は、保育所から通常の小・中・高等学校・大学で学び続けた重度肢体不自由者（脳性マヒ）の語りです。

> 　新しい先生が学校に来るたびに「なぜ障害児が通常の学校にいるんだ？」という視線や、学校全体から「障害があるのに通常の学校に受け入れてあげている」という無言の圧力を感じていた。しかし、私が通常の学校に通うのは国連が認めた当然の権利だったはず。通常の学校の先生たちの意識に、「障害があっても通常の学校に通う権利がある」ことが根付かない限り、同じ教室で互いが安心して共に学べるインクルーシブ教育は実現しないと私は強く思う。（31歳・女性）

　UNESCO が一貫して述べているのは、子どももニーズも多様であることを前提に、すべての子どもを教育できる学校というシステムに着目して、学校・教師の変容という視点で実践を評価するということです。保育現場にもインクルーシブ教育の考え方を取り入れた実践が広がってきましたが、まだまだ議論は不足しています。インクルーシブな保育をめぐる議論は、子育てや子どもの姿が多様化する現代社会において、どのような価値観を拠り所として保育や教育の営みを追求していくべきかについて普遍的かつ重要な示唆を与えてくれるものと考えます。

これらの動向を踏まえ、私たちがインクルーシブな教育・保育実践を目指すには、すべての子どもが多様であることを前提に、園や保育者による保育自体のあり方を根本から見直す必要があります。そのために共通理解しておきたいことは次の3点です。

① 　インクルーシブな教育・保育は、障害のある子どものみでなく、すべての子どもを対象とする。
② 　子どもたちを既存の教育・保育システムに合わせるのでなく、教育や保育のシステムを多様な子どもたちに合わせて改革していく。
③ 　実現に向けてみんなで試行錯誤を重ねるプロセス。

2　日本のインクルーシブ教育システム

　わが国のインクルーシブ教育システムは、基本的な方向性を障害のある子どもと障害のない子どもができるだけ同じ場で共に学ぶことを目指すべきとしながらも、特別支援教育の延長として多様な学びの場を整備することで障害のある幼児児童生徒の教育を充実させることを目指しています。この点において、UNESCO が提唱するすべての子どもを包摂したインクルーシブ教育とは理念や実践が大きく異なります。

　特別支援教育は、障害のある子ども一人ひとりの教育的ニーズを把握し、その持てる力を高め、生活や学習上の困難を改善又は克服するため、適切な指導及び必要な支援を行う教育であり、それは通常の学級、特別支援学級、特別支援学校といった多様な場があることで実現しやすいと考えられています。そして実際、わが国の子どもの数は減少しているにもかかわらず、2021年の学校基本調査によると、10年前に比べて特別支援学校在籍者数は約1.2倍（14万6千人）、特別支援学級在籍者数は約2.1倍（約32万6千人）と過去最高を更新し、分離的な環境で学ぶ障害のある児童生徒は増え続けています（文部科学省，2023）。もちろん、障害の有無に関係なく自分に合った学習環境の選択肢があることは大きな利

点ですが、一方で、本人や保護者が地域で通常の学校・学級への就学を希望しても、最終的な判断を行う教育委員会からは障害等を理由として認められない事例が未だに存在します。このように、本意ではなく特別な場を選ばざるを得ない状況は、障害があっても必要な支援を受けながら地域の学校で学ぶ権利を保障する障害者権利条約とは隔たりがあります。

その背景には、特別支援教育が始まる以前は「特別な支援が必要な子どもは場を別にして学ぶ」ことになっていた教育システムが、障害のある子どもの在籍を前提としない通常の学級でも特別な支援教育の実施が求められるように変わったという経緯があります。1クラス35人の学級で一人ひとりに合わせた支援が困難な状況下で、分離された特別な教育をやめるように勧告されても、教員の人員不足や長時間労働などの課題が山積するなかでインクルーシブ教育を進めていくことは容易ではありません。

折しも、文部科学省（2022）は、小・中学校の通常の学級に在籍する児童生徒の8.8%が「学習面又は行動面で著しい困難を示す」という調査結果を発表しました。この調査は、医師の診断や専門家による判断を根拠とするものでなく、学級担任等が「知的発達に遅れはないものの学習面や行動面で著しい困難を示す」とした児童生徒数の割合です。発達障害に関連づけるものではないですが、この数字からは通常の学級を担任する教員や児童生徒のしんどさがうかがえます。この他にもクラスに多様な児童生徒がいることを踏まえると、特別な場での個別的支援を増やすのみでなく、通常の学校や学級の枠組み自体を「自分に合ったペース・方法で学べる」場に変えていく必要があります。しかし、既存の仕組みを見直さず、活動に参加するための基礎的環境整備や合理的配慮もなされずに、ただ同じ場所で学んでいる状態では、むしろ排除を助長する可能性さえ懸念されます。では、インクルーシブ教育・保育の理念を実践でどのように体現できるのか、これまでの保育のあり方を振り返りながら考えます。

第3節　多様性のある保育の再構築

1　実践をアップデートする

　筆者の長男が年少組だった9月のエピソードです。園では連日、運動会で発表する踊りの練習をしていました。しかし彼は、保育者が何度誘っても「やらない」と練習に参加せず、保育室の窓から高速道路の建設工事を見ている日が続いていたようです。ある日のお迎えのとき、担任保育者がとても申し訳なさそうに「全く練習に興味を向けられなくて、運動会でみんなと同じように踊れそうにないんです」と頭を下げました。筆者が「今は踊りより工事の方が魅力的なのでしょう。またとない機会なので、できる限り見せてあげて下さい」と伝えたときのホッと安心した保育者の表情を今でも思い出します。そして、保育者が参加を強要せずに息子を見守ってくれたことに感謝する一方で、保育者は「子どもが違うことをしたいという気持ちを尊重したい」という思いと「みんなで同じように活動することが望ましい」という考えとの矛盾、さらには「活動の成果を行事で保護者に披露しなければならない」プレッシャーのなかで保育を行っていることがわかりました。

　わが国では、年齢別クラス編成による一斉保育といわれる保育形態が広く行われてきました。一斉保育には、保育者が設定した計画に基づいて多くの子どもに同じ活動を効率的に指導できるという利点があります。その一方で、子どもの興味や関心よりも保育者の意図が先行しやすく保育者主導で進める場面が多くなります。すると、集団保育ではどうしても「同じ」が強調されやすく、「みんなと同じように」することが期待されます。そして、その枠から外れる「同じようにできない子（しない子）」は、保育活動を円滑に進める上での支障となり、気になる子どもと捉えられるかもしれません。

　また、活動への参加の仕方も子どもによって多様です。私たちは、活

動への参加について、保育者が決めた活動にみんなが同じように参加するという意味で捉えることが多いように思います。下記は、筆者が保育所で遭遇した巡回相談の対象児であったＡ児のエピソードです。

その頃、年長クラスではドッジボールが盛んに行われていました。しかし、不安傾向の強いＡ児（５歳）はドッジボールに参加せず、保育室からみんなが遊ぶ様子を見ていました。時々、保育者が「ドッジボールやる？」と誘うのですが、Ａ児は首を横に振り立ったままです。そこで保育者が、Ａ児の傍らでドッジボールをしている子どもたちの様子の実況中継を始めると、Ａ児の目がみるみるうちに輝き出し、より真剣に友だちの動きを見るようになりました。その後も参加はしないものの、「みんなの様子を見て楽しむ」状況はしばらく続いたそうです。そして２週間後の訪問時。その日も保育者はＡ児に「今日はドッジボールどうする？」と尋ねています。すると、Ａ児が「やる！」と言って園庭に走っていく姿を見ました。

　当初、Ａ児はみんなと同じようにドッジボールの活動自体に参加はしていません。Ａ児の「みんなの様子を見ている」行為を「参加していない」と評価するか否かは保育者の価値観によります。この場面では、保育者が「見ている」だけの行為を否定せず実況中継することでドッジボール観戦という参加の仕方として価値づけしました。さらに、保育者は同様の状況があるたびに、Ａ児に無理をさせず集団への橋渡しができるように「（みんなと一緒に）やるかやらないか」を選択させて、その思いを尊重してきたのでしょう。それは、不安が高まりやすいＡ児にとって安心できる環境の整えとなり、ドッジボールへの主体的な参加を後押ししました。

　園で生活している子どもたち全員が一人ひとり特別で異なる存在であり、インクルーシブ教育・保育の対象です。保育者からは、インクルー

シブ教育・保育について「理念が先行して実践が追いつかない」「総論賛成、各論反対」という声が聞かれ、園によって意識や実践も大きく異なります。しかし、保育者が提案する活動やデイリープログラムを過度に意識して「みんなと同じ」を求める保育は、一人ひとりの子どもの思いやニーズを拾いきれず、子どもにも保育者にも自由度が低いものとなります。そのために多様な子どもを受け入れていても、保育実践そのものに多様性がない、といった苦しい現象が起きていると考えられます。子ども主体の多様な生活や遊びが保障されると、一人ひとりの「何がしたいのか」が保育の中心になるので、気になる子どもが保育を妨げる存在として認知されず、保育者も「できる・できない」という一元的な評価から解放され、困った行動も目立ちにくくなります。

　また、インクルーシブ教育・保育の土台になるのは「子どもの人権」です。2023年4月の「こども家庭庁」発足と同時に「こども基本法」が日本国憲法と子どもの権利条約（児童の権利に関する条約）の精神に則るものとして施行されました。子どもの権利条約は1989年に国連で採択され、日本は1994年に批准しています。条約では、すべての子どもが差別されず、子どもの最善の利益を最優先として、成長・発達の権利があり、意見が尊重されることが大切にされています。教育や保育は、それらの権利が保障される場であるべきです。自園あるいは自身の保育を振り返り、ゆとりのある時間のなかで子どもの多様性に応えられる柔軟な保育、すべての子どもがアクセスできる多様な遊びを保障する環境、そして子どもの思いを汲み取り尊重することや、違いを大切にする実践がなされているでしょうか。インクルーシブ教育・保育は、その実現を目指してみんなで試行錯誤を重ねながら少しずつ軸足を子ども主体の保育にアップデートしていくプロセスです。

2　子どもの姿を多面的に捉える視点

　とはいっても、目の前にいる支援が必要な子ども（以下、要支援児）

に対する現場の保育者の悩みは尽きません。**表1**は、2021年に筆者を含む研究班が実施した7都道府県の保育施設310園を対象とした調査結果（回収率39.7%、回答者数558名）から得られた「要支援児に関する保育者の悩み」です。悩み9項目について7件法（7段階の選択肢から選ぶ）で回答してもらい、項目ごとに評定平均値を算出し、「やや悩みがある（5点）―悩みがある（6点）―非常に悩みがある（7点）」のいずれかに回答したものを「悩みあり」として割合を示しています。その結果、「悩みあり」の割合が最も高かったのは「対象児への支援方法（80.9%）」、次いで「専門的知識の不足（77.1%）」であり、回答者の7割以上がこの2項目を選択していました。

表1　特別な配慮を要する子どもの保育に関する悩み

項目（回答数）	設定平均値（SD）	「悩みあり」が全体に占める割合
対象児への支援方法（N＝545）	5.28（1.09）	80.9%
専門的知識の不足（N＝539）	5.19（1.04）	77.1%
対象児の保護者への対応（N＝543）	4.80（1.31）	61.8%
対象児と他児との関わり（N＝540）	4.76（1.18）	63.4%
クラス運営（N＝531）	4.62（1.27）	52.1%
対象児の実態把握（N＝538）	4.58（1.17）	55.6%
対象児以外の幼児への対応（N＝540）	4.25（1.21）	44.4%
対象児以外の保護者への対応（N＝542）	4.05（1.19）	33.6%
クラス内の先生との連携（N＝487）	3.45（1.30）	19.7%

出典：地域との連携・協働による特別支援教育の現職研修に関する研究
　　　（令和3年度 全国保育士養成協議会学術研究：研究代表者 金川朋子）

　この数字から、日々の要支援児への対応で疲弊する保育者と、「僕（私）は、どうしていつもこうなっちゃうんだろう……」という子どもの声が聞こえてきます。そして、保育者が要支援児への対応に悩むとき、それまで自分が"ふつう"と考えてきた保育を問い直す必要に迫られると同

時に、専門的知識の不足を感じていることが推察されます。それは、巡回相談において、保育者が対象児の保育に疲弊しながらも、その状況を少しでも改善したいと「How to（対応方法）」を求める姿からもうかがえます。しかし、環境構成など基本原則としての How to は伝えることができても、子どもの困った行動の「Why（理由）」は一人ひとり異なるので、どうしても個々に仮説を立てながら一緒に支援を考える作業が必要になります。

　そこで、障害の社会モデル（**図２**）を思い出してください。社会モデルでは、表面化している困難さは、要支援児と環境との相互作用の中に生じていると考えます。発達すべき、あるいは、変わるべき対象は要支援児だけでなく、環境側（人的環境であるクラスの子どもや保育者との関係性、保育の形態や活動時間・保育内容の柔軟性、物的環境である園内の空間や遊具など）の両方です。幼児期の場合、重要度は後者の方が高くなります。そのようにして子どもが変わるか否かは、園や保育者による実践の創意工夫とアイデア次第です。変わらなかったとしても、子どものせいではありません。次の打ち手を考えて試せばよいのです。

　その際、子どもの行動の理由を理解するツールの一つに「氷山モデル」という理論（**図３**）があります。氷山モデルは、子どもの行動を「Why？（なぜ？）」と考えること、つまり「見えない部分を見ようとする」ことから始まります。氷山は海に浮かぶ氷の塊です。私たちに見える氷山は塊の一部であって、大部分は海中に隠れています。この目に見える部分を子どもの行動と考えると、行動だけを見て理解できることは少ししかありません。実は、目に見えない部分にこそ、子どもが苦しむ多くの理由が隠れており、人間の発達を司る「脳の働き」に不具合があるために困った行動が表に見えていると考えます。

図3　子どもの行動の氷山モデル

筆者作成

　たとえば、海中に何ら不具合のない子どもは、保育者が提案する活動が少し難しそうと思っても「面白そう」なら多数が興味をもって取り組むでしょう。しかし、要支援児は初めてのことに対して「面白そう」よりも「不安なこと」として捉える場合があるために、それが難しそうなことであれば尚のこと取り組みません。

　ある年長児は、いつも手洗い場で他児が並んでいる列に割り込みます。筆者が「みんなが並んで順番をまっているよ」と声をかけると「立ってるだけじゃん」と答えました。まだ、順番や並ぶことの意味を理解できていないようでした。本児は一番へのこだわりはなかったので、他児が並ぶ列から少し離れた場所で、好みの感覚玩具で気持ちを落ち着かせたり、友だちの名前や様子を実況中継したりしながら様子をみました。そして1週間ほどで、自ら「並んでくるね」と列の後ろにつくようになりました。

　このような子どもの行動には、主に脳の「思考・記憶・感覚・理解」などの働きが関係しています。ここでは脳の詳細な説明はできませんが、

保育者は「障害」というフレームを一旦外して、「Why?（なぜ？）」と問うことを習慣化し、氷山の下に想像力を働かせて「もしかしたら、ああかな？こうかな？」と仮説を立ててみてください。保育者は対人援助の専門職です。氷山の下に隠れている物事の考え方や理解の仕方、感じ方を知るには、専門的知識やHow to の前に、子どもが表出する「これがしたい」「あれがしたくない」「……に困っている」などを丁寧に拾いながら探し続ける専門職マインド（心構え）が必要です。仮説をもとに環境を変えたり、支援を加えたりしながら「うまくいった場面」があれば「なぜ今日はうまくいったのか」についてさまざまな条件を足したり引いたりしながら検討します。そこでの気づきを、次に同様な場面に遭遇したときに試すことができるようになります。ここでも考え方の基本は社会モデルであり、子どもの行動修正よりも保育環境の見直しと実践の工夫が優先されるべきです。多数派に合わせることばかりが優先される保育は子どもにとっても保育者にとっても窮屈なものではないでしょうか。

3　保育の中の見えない社会的障壁

　発達障害の子どもの相談で、保育者からよく出されるものの一つに「場面の切り替えができない」問題があります。保育者が片付けのカードを見せたり、数字がわかる場合は前もって「長い針が……になったら」と予告したり、片付けや次の活動を具体的に伝えたりして対応していることと思います。しかし、この現象は保育を進めたい大人側の都合と、子どものもっと遊びたい気持ちの間にある思いのズレによって生じています。日案に厳格な保育ほど時間的な柔軟性がないので、子どもにとっては障壁となります。先行してインクルーシブな保育実践に取り組む園のなかには、必要がなければ朝の集まりはしない、遊びの区切りがついた子どもから昼食をとる、といった子どもたちが熱中している遊びを中断しなくてもよい日課の立て方をする園もあります（芦澤ら，2023）。行

動を切り替える時間は、日によっても子どもによっても幅があります。クラスが居心地のよい場所であればいずれ戻ってきますし、ときに切り替えられない子どもがいても寛容に対応してくれる環境ならば、問題となる行動という文脈にはなりません。

　本節の1でも述べたように、行事の練習を中心に組み立てられる保育では、できばえを重視して練習への参加を求めざるをえず「切り替えができない」状況の頻発や、「練習よりも楽しいことをしたい」という子どもの気持ちを尊重できない場面も生じがちです。こうして保育を振り返ったとき、多かれ少なかれ「これまで"ふつう"だと思っていた保育がもしかしたら違うのかもしれない」という葛藤に悩むことがあります。そこで、保育者一人ひとりが、自分の保育や子どもとの関わりにおいて大切にしたい価値に気づき、それを言語化できる場や機会があることが重要と考えます。子どもと同様に、保育者も多様な存在です。同僚保育者同士のコミュニティで、それぞれに違う考えがあることを前提として、一人ひとりが持っている保育の価値を話しあい、尊重しあえる対話の機会が必要であると考えます。それには、コミュニティの中に、立場や経験に関係なく、誰もが意見や疑問を自由に言い合えて、受け止めてもらえる関係性と安心感が醸成されている必要があることは言うまでもありません。それは、保育者と子ども、子ども同士の関係にも当てはまります。

　長く続けてきた保育計画に沿った活動や行事を中心とする保育から、子どもや遊びを主体とする保育への転換は大きな決断であり、莫大な時間とエネルギーを伴います。保育者が子どもの姿を肯定的に語りあい、楽しいと感じる保育はどのように構想できるのか。インクルーシブな教育・保育は、実現に向けてみんなで試行錯誤を重ねるプロセスです。無理なくできそうなことから、園やクラスが誰にとっても過ごしやすいように保育をデザインしていきます。そして、見えない社会的障壁となる「子どものあるべき姿」や「保育のあるべき姿」という観念を一旦脇に

置いて、子どものありのままの姿から保育を始めることが、現在のインクルーシブな教育・保育の実践上の課題です。挑戦の価値は大きいです。

　一方で、全国の保育所等における子どもの事故が増加の一途をたどっています。その背景に保育現場の人手不足や業務過多があるならば、どうしても現場は管理的な保育にならざるをえず、計画通りに正確に子どもを動かすことで事故や過失を生じさせないことに力点を置いた実践に傾きます。管理的な保育の中にインクルーシブな実践の芽は出ません。行政や保育業界全体による、保育者の労働条件も含めた課題解決にむけた議論が急がれます。

【参考文献】

浜谷直人「統合保育からインクルーシブ保育の時代へ―今日の保育実践の課題―」『人文学報』No.514-5、2018年、pp.1-45

綾屋紗月編著「序章　ソーシャル・マジョリティ研究とは」『ソーシャル・マジョリティ研究―コミュニケーション学の共同創造』金子書房、2018年

UNESCO, "A Guide for ensuring inclusion and equity in education", 2017, p.7

文部科学省「２. 特別支援教育の現状」2023年〈https://www.mext.go.jp/a_menu/shotou/tokubetu/002.htm〉（2023.7.16最終アクセス）

文部科学省「通常の学級に在籍する特別な教育的支援を必要とする児童生徒に関する調査結果（令和４年）について」2022年〈https://www.mext.go.jp/b_menu/houdou/2022/1421569_00005.htm〉（2023.7.16最終アクセス）

芦澤清音・浜谷直人・五十嵐元子・林恵・三山岳・飯野雄大・山本理絵著編『すべての子どもの権利を実現するインクルーシブ保育へ』ひとなる書房、2023年

第3章 今、求められる保育・教育のカリキュラム
―「カリキュラム・マネジメント」と「計画と評価」―

第1節 カリキュラムの基本概念

1 カリキュラムとは何か

　保育所・幼稚園・認定こども園などの保育・幼児教育に関する場は、当然ながら「全体的な計画」や「年間指導計画」などが編成され、「月案」「週案」「日案」「個別指導計画」などをもとに実践が展開されています。こういった「計画」こそが、カリキュラムの根幹といえます。「指導計画」なしに保育を展開すれば、行き当たりばったりの保育となり、子ども一人一人の成長の機会を的確に捉えられないだけではなく、安全の確保すらできなくなります。こういった計画がいかに重要か、保育者を目指す者は心に留めておく必要があります。

　もともとカリキュラムという語は、「滑走路」や「競争路」を意味するラテン語のクレーレ（currere）という言葉が語源とされています。そこから教育の場では一般的に、「学びの（道）コース」などの意味で使われるようになったと考えられます。子どもが何をどのような順序や方法で学び、どういった知識や経験を得て、どのような成長が考えられるのか、そういった一連の教育活動の計画がカリキュラムなのです。ただ、幼児期のカリキュラムは、小学校のような教科の学習とは大きく異なるという点に注意する必要があります。

　このような、教育課程・全体的な計画・指導計画としての保育・教育カリキュラムについて、以下では、現行の「幼稚園教育要領」や「保育

所保育指針」「幼保連携型認定こども園教育・保育要領」（共に平成29年告示）などを踏まえながら、具体的に考えていくことにしましょう。

2　カリキュラムの史的展開

（1）戦前から戦後へ

　まず、カリキュラムの歴史的変遷を簡単に確認しておくことにしましょう。わが国の保育において、カリキュラムというべきものがはじめて系統的に示されたのは、1876年に創設された東京女子師範学校附属幼稚園といえるでしょう。本幼稚園は、監事（園長）に関信三（1843〜1880）、主席保母に松野クララ（1853〜1941）、保母に豊田芙雄（1845〜1941）らが着任し、フレーベル（Friedrich Fröbel 1782〜1852）の保育理論に基づく保育が展開されました。カリキュラムという面からみれば、「物品科」「美麗科」「知識科」の3科が示されました。そして、フレーベルの「恩物」を用いた保育方法が採用されました。ここでのカリキュラムや保育内容・方法は、非常に形式的なものであったといえます。その後、1899年に「幼稚園保育及設備規程」が制定され、カリキュラムについては「遊嬉・唱歌・談話・手技」の4項目が示されました。「遊び」中心のカリキュラムの誕生といえます。1926年には「幼稚園令」が出され、その施行規則に、保育項目として「遊戯、唱歌、観察、談話、手技等」の5項目が示されました。ここでも子ども主体のカリキュラムが基本とされています。

　戦後、1948年に文部省から「保育要領―幼児教育の手びき―」が発行され、「楽しい幼児の経験」として、「見学、リズム、休息、自由遊び、音楽、お話、絵画、製作、自然観察、ごっこ遊び・劇遊び・人形芝居、健康保育、年中行事」の12項目が示されています。子どもの興味と生活を中心とするカリキュラムが提示されたのです。これには、アメリカ進歩主義教育の影響がありました。1956年には、「保育要領」に代わり「幼稚園教育要領」が作成され、「健康、社会、自然、言語、音楽リズム、

絵画製作」の6領域が示されました。「小学校との一貫性を持たせるようにした」という改訂の要点が、本来の目的から外れ、小学校の教科学習に近いかたちでカリキュラムを考えるという弊害も一部では生じました。1989年の「幼稚園教育要領」改訂により、現在の5領域（健康・人間関係・環境・言葉・表現）が示され、「遊び中心」「環境を通しての教育」が提示され、子どもの主体性を大切にするカリキュラムが目指されるようになりました。2017年の「幼稚園教育要領」「保育所保育指針」「幼保連携型認定こども園教育・保育要領」改訂により、「主体的・対話的で深い学び」や「カリキュラム・マネジメント」「全体的な計画」の概念が明確に示されるようになりました。時代の流れの中で、カリキュラムのあり方は変化していくこと、「不易と流行」を見定めカリキュラムを考えていくことの重要性について、保育者はしっかり理解しておく必要があります。

（2）倉橋惣三の「保育案」理論―カリキュラムの基本原理―

　次に、日本の保育に大きな影響を与えた倉橋惣三（1882～1955）の保育思想やカリキュラム論を確認していくことにしましょう。倉橋は、「生活を生活で生活へ」という言葉からもわかるように、生活中心主義の保育理論を打ち立てました。保育実践の過程を「幼児のさながらの生活→自由・設備→自己充実→充実指導→誘導→教導」と示し、子どもの生活や興味を誘導していくという誘導保育論を提唱しました。そして、フレーベルの保育理論に基づく形式的な保育方法を批判的に捉えました。

　倉橋は、著書『幼稚園真諦』の中で、「いやしくも子供を集めて目的をもって教育をしていく者が、全然何等の心構え、すなわち計画、あるいは立案無しでやっていけるはずはありません」（原文ママ）と述べ、指導計画の重要性を指摘しています。そして、「案らしい案が立てられるのは、幼児生活の誘導の所です。誘導の本原としての計画においてこそ案が立てられる」と述べ、子どもの生活や興味をいかに誘導するかと

いう側面から計画を捉えています。こういった、倉橋の子どもの生活経験を誘導するという保育論は、非常に現代的であるといえます。

3 保育における PDCA サイクル

　教育課程、全体的な計画、指導計画の作成にあたって重要となるのが PDCA サイクルです。PDCA とは、Plan（計画）、Do（実行）、Check（評価）、Action（改善）のことです。現在の保育実践においては、PDCA サイクルを繰り返し、質の高い保育を創造していくことが求められています。PDCA という言葉は、「幼稚園教育要領」「保育所保育指針」などにはありません。しかし、「指導」「計画」「改善」「評価」という言葉は頻出しており、PDCA サイクルは現代の保育実践において強く求められているものと認識する必要があります。

　PDCA を循環させるためには、子どもの現状の把握（子ども一人一人の生活状況、発達、興味）、地域社会の把握と連携、園長のリーダーシップなどが基盤となってきます。また、保育者一人一人の実践の積み重ねと、相互に協力し合いお互いの実践を認め合う関係性が重要となってきます。

4 教育課程・指導計画と省察

　カリキュラムについて、「幼稚園教育要領」「保育所保育指針」及び「幼保連携型認定こども園教育・保育要領」には「全体的な計画」と示されています。ただ、「幼稚園教育要領」には、教育課程（カリキュラム・マネジメント）について詳しく示されています。「保育所保育指針」には、「カリキュラム・マネジメント」という用語は使用されていません。これは、文部科学省、厚生労働省、内閣府で示し方が異なることに由来していますが、「計画」「改善」「評価」という内容面では概ね一致しているといえるでしょう。

　指導計画の中身として、長期指導計画（年間指導計画、期間指導計画、

月間指導計画など）と短期指導計画（週間指導計画、一日指導計画など）があります。指導計画を作成するときに重要なのが、実践を振り返る「省察」です。こういった保育者が一つ一つ重ねる実践知がカリキュラム・マネジメントの基礎になります。

間違いやすいのが、全体的な計画と年間指導計画の違いです。これらは性質の異なるものです。ここを混同している学生も見受けられますので、全体的な計画と年間指導計画の違いについて、明確に理解しておく必要があります。

5　育みたい資質・能力と幼児期の終わりまでに育ってほしい姿

2017年改訂の「幼稚園教育要領」「保育所保育指針」「幼保連携型認定こども園教育・保育要領」から、「育みたい資質・能力」が示されるようになりました。「幼稚園教育要領」の記述を見てみると、「幼稚園においては、生きる力の基礎を育むため……次に掲げる資質・能力を一体的に育むよう努めるものとする」として、①豊かな体験を通じて、感じたり、気付いたり、分かったり、できるようになったりする「知識及び技能の基礎」、②気付いたことや、できるようになったことなどを使い、考えたり、試したり、工夫したり、表現したりする「思考力、判断力、表現力等の基礎」、③心情、意欲、態度が育つ中で、よりよい生活を営もうとする「学びに向かう力、人間性等」の３点が示されています。これは、「学習指導要領」にもつながるようなかたちで示されています。

また、「幼児期の終わりまでに育ってほしい姿」については、「ねらい及び内容に基づく活動全体を通して資質・能力が育まれている幼児の幼稚園修了時の具体的な姿であり、教師が指導を行う際に考慮するものである」として、①健康な心と体、②自立心、③協同性、④道徳性・規範意識の芽生え、⑤社会生活との関わり、⑥思考力の芽生え、⑦自然との関わり・生命尊重、⑧数量や図形、標識や文字などへの関心・感覚、⑨言葉による伝え合い、⑩豊かな感性と表現、が示されています。また、「生

きる力の基礎を育むため」と示されている点も特徴的です。つまり、「生きる力」の育成の基本に「育みたい資質・能力」や「幼児期の終わりまでに育ってほしい姿」があるのです。

　また、「幼児期の終わりまでに育ってほしい姿」は、小学校教諭との連携においても重要な意味を持っています。子ども一人一人の成長していく姿を共有し、育ちを把握することで、個々の子どもに即した連続的な保育・教育を展開することができるのです。

第2節　カリキュラム・マネジメント

1　カリキュラム・マネジメントの基本原理

　「幼稚園教育要領」に、各幼稚園においては「創意工夫を生かし、幼児の心身の発達と幼稚園及び地域の実態に即応した適切な教育課程を編成するものとする」として「全体的な計画にも留意しながら、「幼児期の終わりまでに育ってほしい姿」を踏まえ教育課程を編成すること、教育課程の実施状況を評価してその改善を図っていくこと、教育課程の実施に必要な人的又は物的な体制を確保するとともにその改善を図っていくことなどを通して、教育課程に基づき組織的かつ計画的に各幼稚園の教育活動の質の向上を図っていくこと（以下「カリキュラム・マネジメント」という。）に努めるものとする」と示されています。「幼稚園教育要領」におけるカリキュラム・マネジメントという用語は、「幼稚園の運営上の留意事項」という項目にも出てきます。そこには、「園長の方針の下に、園務分掌に基づき教職員が適切に役割を分担しつつ、相互に連携しながら、教育課程や指導の改善を図る」こと、さらには学校評価について、「教育課程の編成、実施、改善が教育活動や幼稚園運営の中核となることを踏まえ、カリキュラム・マネジメントと関連付けながら

実施するよう留意する」ことが示されています。

　「幼稚園教育要領解説」には、園長のリーダーシップとカリキュラム・マネジメントの関係性について解説されています。また、各幼稚園は「教育課程に係る教育時間の終了後等に行う教育活動の計画、学校保健計画、学校安全計画などと関連させ、一体的に教育活動が展開されるよう全体的な計画を作成するものとする」と「幼稚園教育要領」に記載されています。

　カリキュラム・マネジメントという用語は、「小学校学習指導要領」にも出ているもので、上述した「幼稚園教育要領」を引き継いだ形で示されています。そういった面を含めても、カリキュラム・マネジメントの概念は、幼児期から一貫して続く学校教育という面を意識して捉えていく必要があります。

2　教育課程編成上の基本的事項と留意事項

　「幼稚園教育要領」の「教育課程の編成上の基本的事項」に、「ねらいが総合的に達成されるよう、教育課程に係る教育期間や幼児の生活経験や発達の過程などを考慮して具体的なねらいと内容を組織するものとする。その場合においては、特に、自我が芽生え、他者の存在を意識し、自己を抑制しようとする気持ちが生まれる幼児期の発達の特性を踏まえ、入園から修了に至るまでの長期的な視野をもって充実した生活が展開できるように配慮するものとする」と示されています。そして、①幼稚園の毎学年の教育課程に係る教育週数は、特別の事情のある場合を除き、39週を下ってはならない、②幼稚園の1日の教育課程に係る教育時間は、4時間を標準とすると示されています。こういった教育課程における基本的事項の順守は、経営的にも実践的にも非常に大切なことです。

第**3**節 保育の「計画と評価」

1 「計画と評価」の基本理念

（1）「計画」の意義

　「保育所保育指針」には、「保育の計画及び評価」という項目があり、「全体的な計画の作成」「指導計画の作成」、具体的な「指導計画の展開」について記載されています。

　「全体的な計画」は、「子どもや家庭の状況、地域の実態、保育時間などを考慮し、子どもの育ちに関する長期的見通しをもって適切に作成されなければならない」こと、「保育所保育の全体像を包括的に示すものとし、これに基づく指導計画、保健計画、食育計画等を通じて、各保育所が創意工夫して保育できるよう、作成されなければならない」ことが示されています。

　「指導計画の作成」は、「子どもの生活や発達を見通した長期的な計画」と「具体的な子どもの日々の生活に即した短期的な指導計画」の作成が示されています。特に「3歳未満児については、一人一人の子どもの生育歴、心身の発達、活動の実態などに即して、個別的な計画を作成すること」、さらに「3歳以上児については、個の成長と、子ども相互の関係や協同的な活動が促されるよう配慮すること」が示されています。これに加え、異年齢で構成される組やグループでの配慮事項として、「一人一人の子どもの生活や経験、発達過程などを把握し、適切な援助や環境構成ができるよう」にすることが求められている。

　具体的な「指導計画の展開」については、「施設長、保育士など、全職員による適切な役割分担と協力体制」が重要であること、さらには「保育士等は、子どもの実態や子どもを取り巻く状況の変化などに即して保育の過程を記録するとともに、これらを踏まえ、指導計画に基づく保育の内容の見直しを行い、改善を図ること」が示されています。

（2）「指導計画」につなげる保育記録

　保育現場で用いる記録には様々なものがあり、上述した日案や週案、保育日誌、保護者とのやり取りを示す連絡帳なども記録です。ここでは、特徴的でありながら、最近注目されているドキュメンテーションとラーニング・ストーリーについて述べていきたいと思います。こういった記録を適切に活かしていくことがよりよいカリキュラム編成の基礎となります。

　まずはドキュメンテーションからみていきましょう。保育におけるドキュメンテーションの意義は、簡単に言えば保育実践を「見える化」することと言えるでしょう。写真を使い、子どもの様子や実際の取り組みをわかりやすく提示できます。また、保護者や一般の人にも保育実践を理解してもらいやすいというメリットがあります。保育所及び幼稚園の実習でも、従来の時系列の日誌ではなく、ドキュメンテーション型の日誌を作成することも多くなってきました。もともとドキュメンテーションとは、イタリアのレッジョ・エミリアにおける保育の中で隆盛したものです。その後、世界にその方法論が広まりました。レッジョ・エミリア保育には、子ども主体の保育、子どもの感性に基づく保育、プロジェクト型保育など特筆すべきものが多々あります。また、アトリエスタを中心とする芸術教育も特徴的です。ドキュメンテーションも含めて、そういった特徴的な保育が日本にも入ってきています。

　次にラーニング・ストーリー（学びの物語）について考えていきましょう。これは、もともとはニュージーランドのナショナルカリキュラム「テ・ファリキ」において示された記録・評価の手法のことです。子どもが何かに興味を持っている時、何かに熱中している時、難しいことを乗り越えようとしている時、表現している時、責任を持って取り組んでいる時などの「学びの姿」を大切にします。子どもの姿を写真で残し、ファイリングします。子どもも保育者も保護者も、その写真を自由に見ることができます。子ども一人一人の成長が目で見てわかりやすい点が特徴的

です。

2 保育における評価とは

（1）評価の基本

　評価と聞くと、子どもの成長や学びの過程が点数化されるようなものを思い浮かべるかもしれませんが、決してそうではありません。保育における評価とは、子ども理解へのアセスメントとしての評価と、保育士・保育所の自己評価及び第三者評価のことを指します。

　子ども理解へのアセスメントとしての評価は、子どもがカリキュラムとして示されたものを達成できなかったというネガティブな評価や他者と比べる評価、数値化すような評価は避け、子どもの成長を見守るための評価を心掛けることが重要です。また、子ども一人一人しっかり把握していくこと、保育者同士が連携し子どものアセスメントにあたることも大切です。

（2）保育者・保育園の自己評価

　評価というとその対象は「子どもである」と思いがちですが、保育者や園の運営自体も評価の対象です。こういった評価は、園の体制をよいものにし、保育者の専門性を強化することにもつながり、結局は子どものためになります。「保育所保育指針」には、「保育士等は、保育の計画や保育の記録を通して、自らの保育実践を振り返り、自己評価することを通して、その専門性の向上や保育実践の改善に努めなければならない」と示されています。これは、上述のように、保育者一人一人の省察がいかに重要であるかを再認識させられます。倉橋惣三が著書『育ての心』で述べているように、省察を繰り返している保育者だけが一歩進んだ保育を展開できるのです。

　また、「保育所は、保育の質の向上を図るため、保育の計画の展開や保育士等の自己評価を踏まえ、当該保育所の保育の内容等について、自

ら評価を行い、その結果を公表するよう努めなければならない」として
います。さらに自己評価にあたっては、「全職員が共通理解をもって取
り組むことに留意すること」「保護者及び地域住民等の意見を聴くこと
が望ましい」とされています。また、評価結果の公表は、幼児教育・保
育関係施設の閉鎖性を打破することにもつながります。

（3）第三者評価

　第三者評価について、「保育所保育指針解説」（平成30年３月）には、「第
三者評価の意義は、第三者評価を受ける前の自己評価に職員一人一人が
主体的に参画することで、職員の意識改革と協働性が高められることや、
第三者評価結果を保護者へ報告することによって協働体制を構築するこ
と等にある」と示されています。つまり、評価の過程と結果を以後の実
践に生かしていくことが重要であるということです。

　皆さんが住んでいる地域の保育園のホームページで公表されている自
己評価や第三者評価の結果を見てみてください。その保育園がどのよう
な目標を掲げ、どういったことに力を入れ、どういった課題を抱えてい
るのか、どう解決していこうとしているのか、理解することができると
思います。

第4節　今、求められる保育・教育カリキュラム

1　保・幼・小の接続とカリキュラム

（1）接続・連携の基本概念

　近年、保・幼・小の接続・連携が求められています。保・幼・小が適
切に接続されれば、長期的な視野をもって、子ども一人一人の個性に基
づく教育が可能となります。また、一貫した情操教育や道徳教育（人権

教育）により、小1プロブレムやいじめの問題の解決にもつながります。子どもの興味・関心が幼児期から小学校教育に引き継がれることで子どもの学ぶ意欲の向上にもつながります。こういった接続期のカリキュラムをしっかり策定していくことが重要といえます。

「幼稚園教育要領」には、「幼稚園教育が、小学校以降の生活や学習の基盤の育成につながるように配慮し、幼児期にふさわしい生活を通して、創造的な思考や主体的な生活態度などの基礎を培うようにするものとする」と示されています。

保・幼・小接続の第一段階として、アプローチ・カリキュラムの策定があげられます。アプローチ・カリキュラムとは、「就学前の幼児が円滑に小学校の生活や学習へ適応できるようにするとともに、幼児期の学びが小学校の生活や学習で生かされてつながるように工夫された5歳児のカリキュラムのこと」です。保・幼・小接続の第二段階として、スタートカリキュラムも重要です。スタートカリキュラムとは、「幼児期の育ちや学びを踏まえて、小学校の授業を中心にした学習へうまくつなげるため、小学校入学後に実施される合科的・関連的カリキュラムのこと」です。子どもは小学校入学という環境が全く違う状況下で不安を覚えたり、緊張したりします。そういった不安や緊張を少しでも取り除き、小学校の学習へスムーズに移行できることが大切なのです。

加えて、「幼稚園教育要領」には、「幼稚園教育において育まれた資質・能力を踏まえ、小学校教育が円滑に行われるよう、小学校の教師との意見交換や合同の研究の機会などを設け、「幼児期の終わりまでに育ってほしい姿」を共有するなど連携を図り、幼稚園教育と小学校教育との円滑な接続を図るよう努めるものとする」と示されています。

保・幼・小接続の実際的な取り組みとして、幼児の小学校への授業見学や運動会などの小学校行事への参加などがあります。幼児と小学校1年生が一緒に遊んだり学んだりする機会や一緒に給食を食べる体験などもあります。年長クラスの後半では、机を並べて座りじっくり話を聞く

活動を取り入れたり、役割・係分担を決めて子どもが主体的に活動する機会も日々の保育実践に取り入れたりすることもできます。また、ランドセル製作などで小学校への思いを膨らませるのもよいでしょう。小学校現場においては、生活科やモジュールを用いた時間割の作成、指導要録を参考にした個々の指導など、様々な視点から子ども一人一人を支えることができます。

（2）「要録」を用いた連携

「保育所保育指針」には、「子どもに関する情報共有に関して、保育所に入所している子どもの就学に際し、市町村の支援の下に、子どもの育ちを支えるための資料が保育所から小学校へ送付されるようにすること」と示されています。要録については、学校教育法施行規則第24条と第28条にも規定されています。正式には、保育所は「保育所児童保育要録」、幼稚園は「幼稚園幼児指導要録」、幼保連携型認定こども園は「幼保連携型認定こども園園児童要録」と言います。

要録の作成で重要なのは、子ども一人一人の幼児期の成長の姿や指導の過程が小学校以降の学習に適切に引き継がれるようにすることです。したがって、小学校教諭が読んでわかりやすいものにする必要があります。また子ども一人一人、しっかりと特性を捉え記述していく必要があります。小学校教諭が必要としている情報は何か、地域の特性なども視野に入れながら要録を作成する必要があります。

2 アクティブ・ラーニングとしての保育とカリキュラム

最近の教育方法として注目されているのがアクティブ・ラーニングです。これは、もともと高等教育の場で提唱されたものですが、初等・中等教育にも取り入れられ、幼児教育においても注目されるようになりました。「幼稚園教育要領」には、「主体的・対話的で深い学び」という記述があります。これが幼児教育におけるアクティブ・ラーニングにあた

るといえます。「幼稚園教育要領」には、「幼児が様々な人やものとの関わりを通して、多様な体験をし、心身の調和のとれた発達を促すようにしていくこと。その際、幼児の発達に即して主体的・対話的で深い学びが実現できるようにするとともに、心を動かされる体験が次の活動を生み出すことを考慮し、一つ一つの体験が相互に結び付き、幼稚園生活が充実するようにする」ことと示されています。

子ども同士の話し合いを大切にした保育、子どもの「やりたい」（興味）が取り入れられる保育、子どもの発言から始まる遊びなど、子ども発信型のプロジェクト型保育の展開などが求められているといえるでしょう。

また、遊びを単発的なものと考えるのではなく、次につなげる、つまり興味の連続性を意識した保育実践が重要です。こういった子どもの「主体性」「対話」を意識した保育こそ、「生きる力」につながるものなのです。プロジェクト型のカリキュラムは、子どもの興味や生活実態に即して、子どもと保育者が十分に話し合って作っていく必要があります。

3　ICTを用いた保育とカリキュラム

「幼稚園教育要領」には、「幼児期は直接的な体験が重要であることを踏まえ、視聴覚教材やコンピュータなど情報機器を活用する際には、幼稚園生活では得難い体験を補完するなど、幼児の体験との関連を考慮すること」と示されています。教育の分野でICT（Information and Communication Technology：情報通信技術）教材の活用が推進されている現在ですが、幼児教育においては「幼稚園生活では得難い体験を補完する」と抑えたかたちで記述されています。確かに、安易な情報機器の使用は避けるべきです。しかし子どもの経験の幅を広げるという意味で、ICT教材は積極的に使用していくのもよいでしょう。

例えばプログラミング教材を用いた保育、映像や音声を用いた英語教育、タブレットを用いた地域探検、電子黒板を使った絵本の読み聞かせ、

プロジェクション・マッピングを効果的に用いた発表会など、様々な観点からICTを用いた保育が展開されています。保育実践におけるICT教材の使用について、年間指導計画の中で、どの場面でどの程度用いるのか、そのICT教材を使用することで子どもにどのような影響を与えるのか、保育者同士が話し合い、具体的に検討しておくことが大切となってきます。

　また、近年は、連絡帳やお便りなどもスマートフォン用アプリを用いることも増えてきました。専用のアプリを用いて保護者に子どもの写真を提供したり、全体的な計画や年間指導計画、献立、クラス便りなどを送信したりすることで、紙で配布する必要がなくなります。保護者にとっても、スマートフォンからどこでも閲覧できるので、通勤電車の中から園への連絡に返信したり、連絡帳を事前に読んでおいたりすることもできるので非常に便利です。

　保育者がそういったICT機器の導入に積極的になり、慣れ、自在に使えるようになることも大切です。保育者がICT機器の使用に苦手意識があると、当然ICTは保育現場では使用されにくくなります。今の子どもたちや保護者にとって、何が必要なのかをしっかりと見定め、使用していくことが大切です。

【参考文献】
　文部科学省『幼稚園教育要領〈平成29年告示〉』フレーベル館、2017年
　厚生労働省『保育所保育指針〈平成29年告示〉』フレーベル館、2017年
　内閣府・文部科学省・厚生労働省『幼保連携型認定こども園教育・保育要領〈平成29年告示〉』フレーベル館、2017年
　厚生労働省編『保育所保育指針解説　平成30年3月』フレーベル館、2018年
　中坪史典・山下文一・松井剛太・伊藤嘉余子・立花直樹編集委員『保育・幼児教育・子ども家庭福祉辞典』ミネルヴァ書房、2021年

松本峰雄監修、浅川繭子・新井祥文・小山朝子・才郷眞弓・松田清美『保育の計画と評価　演習ブック』（よくわかる！保育士エクササイズ6）ミネルヴァ書房、2019年

秋田喜代美・宮田まり子・野澤祥子編著『ICT を使って保育を豊かに　ワクワクがつながる＆広がる28の実践』中央法規出版、2022年

津守真・森上史朗編、柴崎正行解説、倉橋惣三『幼稚園真諦』（倉橋惣三文庫1）フレーベル館、2008年

第4章　乳幼児期における共感性発現場面の分析
―「心の理論」との関連性から―

第1節　心の理論

　本章においては、2歳児、4歳児の自由保育場面の動画における共感性発現場面に関して、「心の理論」の概念と関連づけながら分析することを目的として論述を展開していきたいと思います。そこで、本節では本章全体にかかわる心の理論の能力について、その概念と発達過程を述べ、さらに「心の理論」と他者視点取得能力と呼ばれる心理的能力について、触れていきます。他者視点取得能力を取り上げる理由は、本章のもう一つの中核的な概念である共感性と関連があるからです。

(1)「心の理論」とは何か

　読者のみなさんは、自分や周りの人の心のはたらきについてじっくり考えたことはありますか。心は目には見えません。しかし、人の行動の源には、心のはたらきがあると考えられています。ある子どもが困っている状況に遭遇していることに、別の子どもが気づき、手を差し伸べようとするとします。手を差し伸べるという行為の源に、困っている様子を感じ取り、友達のためになる行動をしようという心のはたらきがあると考えられるのです。本節では、心のはたらきに関する能力である「心の理論」に関する知見について述べていきます。

　「心の理論」の概念は、Premack & Woodruf（1978）によれば、ある個体が、心的状態を自己および他者に帰属させる能力をさすと定義されています。本章における「心の理論」の概念については、人が何らかの

行動を生じさせる動因として必ず心的状態が存在するということを理解する能力であると捉えます。心的状態とは、直接外から観察できない人の内面で生成するもので、知識、信念、思考、疑念、推測、ふり、好みなどに加えて目的あるいは意図といったものをさします。次節の共感性と関連づけると、「心の理論」は共感性の生成、また共感性が行動として発現するために必須の能力と捉えられます。外から理解可能な行動や表情などから他者の内面の心的状態を読み取ることが最初の段階としてあります。次項では、「心の理論」の形成過程について述べていきます。

（2）「心の理論」の形成過程

「心の理論」の形成過程に関して、Baron-Cohen（1995）による「心を読むシステム」に関する概念を述べていきます。彼は、**図1**に示すように、4つの過程からなる「心を読むシステム」のモデルを想定しました。生得的にシステムを構成するひとまとまりの機能を備えていることを前提として唱えました。

図1 「心を読むシステム」のモデル

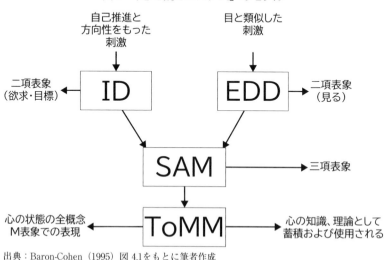

出典：Baron-Cohen（1995）図 4.1をもとに筆者作成

図1に示すように、その最初の仕組みは、意図検出器（Intentionality Detector：ID）です。心の状態を読むために乳幼児に生得的に備わっている行動の一部です。「彼女の〈目的〉はあそこに行くことである」「それは、チーズを手に入れることを〈欲して〉いる」というように、人、動物など動くものが目標や願望を持っているかどうかを判断する仕組みをさします。意図検出器は視覚（見る）、聴覚（聞く）、触覚（触れる）の3つの感覚によって作動しています。目的や欲求という原始的・意図的な心の状態に関する運動性のある刺激を解釈するための知覚装置です。これらの運動性のある刺激に対する知覚を原始的な心の状態と見るのは、すべての動物の普遍的な動きである接近行動と回避行動の意味を理解するために必要な基本的なことがらだからです。自分の方に近づこうとする意図をもったものは危険である可能性があり、自分から遠ざかっていくものは安全であると考えられます。意図検出器とは、このような心のはたらき、判断の仕組みのことをいいます。

　第2は視線方向検出器（Eye-Direction Detector：EDD）です。これは視覚系に関連した心の読み取りです。自分の外部に目があるかないか、あるとすればそれが自分を見ているのか、それとも、自分でないものを見ているのかを検出する仕組みです。視線方向検出器は次のような状況を表象することができます。「行為者は私を見る」、あるいは「行為者はドアを見ている」というものです。これらの表象は**図1**に示すように二項関係（dyadic relations）と呼ばれます。この一連の仕組みは、次のような3つの段階を経るとされます。第1段階は、目そのものや眼状刺激を検出する段階です。眼状刺激とは、目と類似した形状をした刺激をさします。第2段階として、視線が自分の方を向いているかどうかを知覚します。最後の第3段階として、視線がある物に向いているときに、視線を向けた主体がその方向を向いていると推論します。視線方向検出器は、この3つのはたらきで構成される仕組みをさします。乳幼児は意図検出器と視線方向検出器といった2つの仕組みを用いることができま

す。

　第3は共同注意の機構（Shared-Attention Mechanism：SAM）です。他者の視線を追うことや、指さしをして人の注意を引くこと、物を他の人に示すことなどに共通する心の仕組みをさします。これは、自己、他者、他の物の3者の間で成り立つ関係、すなわち三項表象と呼ばれる事象を形成します。三項表象に含まれているものは、行為者と自己がともに同一の対象に注意を向けていることを特定する要素です。共同注意の機構は他者の知覚状態に関するあらゆる有用な情報を用いて三項表象を形成します。この情報は他者の視線をモニターすることによって得られなければならないため、共同注意の機構は、視線方向検出器から情報を受けていることになります。このことは次のやりとりで示されます。

デヴィッド：今、聞こえた音を君は聞いたかい？
ジェーン　：何をあなたは今聞いたの？
デヴィッド：カッコーのような音だよ。
ジェーン　：私にはあなたと同じ音を聞いたかどうか自信がないわ。
デヴィッド：それじゃ、君が聞いた音はどこから聞こえた？
ジェーン　：向こうからよ。

　この会話において、最後の「向こうからよ」の部分が視線方向検出器の仕組みを含んでいるのです。なぜならジェーンはデヴィッドが目をやった空間や特定の場所を指摘しているからです。共同注意の機構の重要な機能は、視線方向検出器に依存しているのです。

　幼児が顔の表情からその人の目的を検出する際に、視線を用いることが証明されています（Baron-Cohen, Campbell, Karmiloff-Smith, Grant & Walker, 1995）。3歳から4歳の定型発達児を対象とした実験で、子ども達は視線を手がかりとして他者の欲求や他者が意図した指示物を困難なく推論できたことが報告されているのです。このように、視線方向

検出器が共同注意の機構を通じて意図検出器と結びつくとき、視線は欲求や目的の参照という心の状態に基づいて解釈されるといえます。

　第4は最終の「心の理論」機構（Theory of Mind Mechanism：ToMM）です。これは、他者の心的状態についての知識に基づいて行動するための仕組みをさします。この仕組みの1つ目の機能は心の状態の表象です。それはメタ表象と呼ばれます（Leslie & Thaiss, 1992）。2つ目の機能は、すべての心の知識を首尾一貫した一つの理論に結びつけ、有用な理論に仕上げることです。この点に関して、Wellman（1990）の研究に言及します。3歳以降の子どもたちは、大人と同じように世界を心的な実態と物質的な実態に2分割する考え方をもつとされています。それは、次のようなことをさしています。子ども達は本物のビスケットは見たり、ふれたり、食べたりすることができるが、想像したり、夢で見たりしたビスケットはそれらの行為ができないことを認識しています。また、子ども達は夢や考えは頭の中で生じており、個人的なものであること、他者には見ることができないということを理解しています。

　以上の4つの過程のうち第3から第4への移行に関して、第4の「心の理論」機構は、第3の共同注意の機構による三項表象を利用し、それをメタ表象へと転換することによって引き起こされるとされています。換言すれば、第3の共同注意の機構の存在なしには、第4の「心の理論」機構は形成されないという点が提起されているのです。

（3）「心の理論」と他者視点取得

　他者視点取得とは、対象を自分とは異なる他者の視点から見た場合にどのように見えるか理解することをさし（Eisenberg & Fabes, 1998）、視点取得ともいわれます。この概念は、一般に物理的空間的な他者の見え方を問う空間的視点取得、他者の知識の理解を問う認知的視点取得、他者の感じていることの理解を問う感情的視点取得の3つに分類されます。

認知的視点取得ならびに感情的視点取得に当たる能力に関して、谷村（2005）は、自分自身がその人と同じ立場に置かれる状況を想定し、その状況において自分はどう感じるか、どう考えるのかと表象することで他者を理解することであると述べています。自分自身が自分の心の動きをどのように把握しているかという自己理解と他者視点取得は切り離すことができません。他者理解の前提に自己理解が存在すると説明されています。この考え方によれば、「心の理論」の能力を獲得しているということは、他者及び自己の心的状態に関する理解の能力の双方が備わっているということを意味しているといえます。

　「心の理論」の能力と他者視点取得の能力に関する過去の研究として、平均月齢62.9か月の特異的言語障害児を対象として、「心の理論」の能力と視覚的視点取得能力との関連が調査されました（Farrant, Fletcher, & Maybery, 2006）。その結果、特異的言語障害児において「心の理論」の獲得が遅れるという結果が示されました。「心の理論」の能力と視覚的視点取得能力の発達において言語の役割があるということも支持する知見といえるでしょう。つまり、これらの能力は、言語発達の影響をうけるとも捉えられます。

　次節においては、共感性の概念、その生成過程について述べていくこととします。

第2節　共感性

（1）共感性の概念と発達過程

　読者のみなさんは、共感、共感性という言葉をこれまで度々耳にしたことがあるのではないでしょうか。思いやりという言葉が表す概念と共通性があると捉えることもできるでしょう。ここでは、共感性の概念を明確化し、乳幼児期における発達過程および関連する概念について過去

の知見に基づいて示すこととします。なお、共感という用語もあります
が、本章では一貫して共感性と表すこととします。

　過去から現在に至るまで、共感性について様々な定義が提起されてい
ます。簡潔な定義として、相手の感情に共鳴した形で生じる感情や反応
傾向（岩立, 1994）、また他者の感情状態を知覚し、自分も同様の感情
状態を経験すること（桜井, 1995）があげられます。広義には感情の状
態に加えて、知覚、思考、態度なども対象となるとされます。発達心理
学の分野では、共感性は、他者の感情的な状態の理解から発生する、他
者が経験している感情と類似した感情を体験することとされています
（Eisenberg et al., 1991）。また、Decety（2010）は、共感性を内的な経
験を他者と共有するという意味をもち、最小限の自他の区別に基づいて、
他者の感情や情動を認知する能力であると定義しました。本章において
もこの知見を踏まえ、共感性を人が備えた能力として捉える立場に立ち
ます。

　共感性の成立過程として、発達心理学者により次の3つが提起されて
います（Hoffman, 2000）。すなわち、①他者がある感情状態にあること
を認知する、②他者の立場に立って他者の考えや役割を予想する（役割
取得）、③他者と同様の感情を共有するという過程です。この3つの過
程について、向社会的行動の1つとして位置づけられる利他行動に着目
した観察研究（村上・前島, 2022）において、実際に幼稚園で観察され
た場面を報告します。

　雨の降る朝、レインコートを着てきた満2歳のA児が保育室まで来
ました。朝の身支度を整える一貫の動作として、一生懸命ボタンを外そ
うとしていました。なかなか外れません。何回も挑戦しうまくいかない
ことに焦りや苛立ちの表情を見せていました。その場面の一部始終を年
長のB児が見ていました。その後、誰の指示も受けずに、B児がA児
と向かい合い、A児のレインコートのボタンを上手に外しました。A
児がボタンをうまく外せないことで、否定的な気持ちを抱いていること

をＢ児が認知したと捉えられます。このＢ児の行動は、上述の共感性の成立過程①に当たると考えられます。そして、上述の②のようにＡ児の立場に立ち、何とかしてボタンを外したいと思っていることを予想します。最後に③のように、Ａ児のボタンを外せないことから焦りや困惑した気もちを共有する過程を経験します。以上、共感の成立過程について述べました。

　次に、共感性の発達段階について述べます。4つの段階が提起されています（Hoffman, 2000）。第1段階は全体的段階とされ、0歳時に起こるとされています。自己と他者を区別せず、他者の苦痛を自分のものとして感じる時期です。第2段階は0歳の時期を過ぎ、1歳くらいになると、自己とは異なる身体的存在としての他者に気づき、他者も不快な状況を経験することを学びます。しかし、人の内なる状態は自分が感じるものと同じであると認知し、他者の苦痛を自己の苦痛として感じます。それは、相手への心配や気遣いの感情、相手に寄り添う感情へと変化していきます。第3段階は、2歳くらいになる時期で、他者の視点や立場を理解しようとする能力が発達し、他者の感情や求めていることなどに応じた適切な反応を示す能力を備えることができるようになります。第4段階は、5歳になる頃に獲得する能力とされます。社会的な規範や道徳的な価値観を共有する集団意識が芽生え、他者への共感や同情は個人的な関係だけでなく、公正さや正義といった普遍的な原則に基づくようになるとされています。

　先述の登園時の例で、年長児が年下の園児が身につけているコートのボタンを外すというふるまいが生成されたのは、第3段階に到達していることを示すものとして位置づけられるでしょう。年長児Ｂは、何度挑戦してもボタンを外せず、コートを脱ぐこともできなかった年下の園児Ａが困惑している感情を抱いていることを読み取ります。ボタンを外したいという欲求も察知します。このように年長児Ｂの共感性がＡ児への利他行動を生み出す動因となっていると考えられ、この登園児の

例は共感性発現の場面として捉えられると考えます。

　共感性に限定せず、感情全般の理解と「心の理論」の能力との関連について、幼児を対象とした我が国の研究（森野，2005）があります。それによれば、年少児においては感情理解と「心の理論」とは関連しないが、年中児と年長児では両者が関連するようになることが示されています。ここから感情理解と「心の理論」の心の状態に関する理解は、原初的には別々の能力であるとされています。3歳頃には相互に関連のなかった能力に関しては年齢が上がるとともに徐々に融合していくという考えが述べられています（内藤，2007）。この人が備える心の理解の能力は幼児期以降も発達し、児童期の中頃になって感情表出と理解の能力は「心の理論」と結びつき、心に関するまとまりをもった理解の能力として統合されていくとされています。

（2）共感性の多様な側面

　近年、共感性を多様な面から捉える考え方が提起されています。ここではまず、多次元的な捉え方の源流といえる2つの側面から共感性を捉えることについて述べていきます。2つの側面とは、感情的側面と認知的側面です。近年は、この2つの側面を統合して共感性を捉えようとする考えが支持されています。各側面が具体的にどのようなことをさすのかについて、中学生を対象とした質問紙調査（三代，1997）の項目を拠り所としながら明確化を試みたいと思います。質問項目は過去の知見に基づいて作成されました。中学生を対象とするため、項目には学校での場面が多くあげられています。

　表1（次頁）の上段には感情的側面の質問項目があげられています。いずれもある対象に対して、対象を否定的、排他的に捉えるのではなく、寄り添おうとする様々な感情の生起が表されていると考えられます。これに対して、認知的側面の項目に共通する点は、他者の立場に身を置いて物事を認識したり、考えたりすることがあげられます。Davis（1994）

の考え方に立てば、感情的側面は結果としての共感性、認知的側面は過程としての共感性としていえるでしょう。

表1　感情的共感性と認知共感性の質問項目

感情的側面の共感性に関する質問項目	
1	元気のない子を見ると、心配になる。
2	動物が傷ついていて苦しそうにしているのを見ると、かわいそうになる。
3	友だちがいじめられているのを見ると、腹が立つ。
4	ある歌を聴くと、とても楽しい気持ちになる。
5	だれとも遊べないでひとりぼっちでいる子をみると、かわいそうになる。

感情的側面の共感性に関する質問項目	
1	だれかとけんかしても、相手の気持ちを考えるようにしている。
2	人の悪口を言う前に、その人の気持ちを考えてあげようとする。
3	何かを決心するときに、自分に反対している人の気持ちを意見を考えてみる。
4	ある人に気分を悪くされても、なぜそんなことをしたのかと、その人の立場になってみようとする。
5	物事には退室する二つの見方（意見）があると思うので、なるべくその両方を考えるようにしている。

出典：三代（1997）をもとに筆者作成

　上述の共感性には2つの側面があるという考え方に基づいて、多次元的に共感性を捉えることも提起されています。Davis（1994）によって開発された尺度では、4つの構成概念が提起されています。1つ目は個人的苦痛と呼ばれ、他者の苦痛に対して自らの苦痛や不快などの否定的な感情を経験する傾向をさします。2つ目は共感的関心です。同情や憐みの感情を経験する傾向を指します。3つ目は、想像性といい、自分を架空の人物に投影させる認知傾向という意味を持ちます。4つ目は、視点取得と呼ばれます。前節の「心の理論」で触れた用語と同じです。自発的に相手の立場に立ち、相手の置かれた状況や内面を理解しようとする認知傾向を指します。これらのうち、個人的苦痛、共感的関心はある対象に対して生起する「結果」としての共感であり、視点取得は「過程」としての共感であるという見方も提起されています。

（3）共感的心痛

　共感性の有する認知的側面および共感的側面の2つが統合され共感的心痛（empathic distress）が生成することも示されています。Davis（1994）が提起した共感性の4つの構成概念のうちの個人的苦痛とほぼ同義として捉えられる概念であるといえます。それは、他者が抱く苦痛と共通した感情状態を自らも経験することと定義されています（Hoffman, 2000）。本項では次節で述べる保育場面の分析に関して他者の心痛に寄り添う場面がみられるため、共感的心痛について述べていきます。

　共感的心痛の発達段階には以下のように4つあるという説が提起されています。第1は、人がそれぞれ個々に独立して不変的に存在していることを明確に認識することが困難な状況で起こり、自他の未分化な段階で生じる心痛です。例として、幼児がよその子が転んで泣いていると、それを見ていた側の子どもも今にも泣きだしそうになることがあげられます。第2は、他者の内的感情状態を推測しきれずに、自己の内的状態と混同する段階です。泣き叫ぶ友達を慰めるために、その子の親ではなく自分の親を呼ぶことがこれに当てはまります。友達が泣いていることを目撃し、自分自身も感情の混乱状態に陥り、友達が内面で欲していることを判断することが難しい状況であると考えられます。第3は、他者の感情状態に基づいて心痛が生成する段階です。他者視点能力や役割取得能力、つまり目の前にいる他者の立場に立って他者の感情を理解する能力の萌芽に伴って生じるとされます。第4は、現前の他者だけではなく、より拡大された世界における一般的な他者の窮状などに対して共感的心痛を抱く段階とされています。

　次節では実際の保育場面の動画をもとに、共感性の発現について検討していきます。

第3節　2歳児の共感性発現の場面に関する分析

（1）教材の動画の内容

　ここでは、2歳児の保育場面に着目します。『やさしさが育つとき』第1巻（新宿スタジオ制作・著作）の中のタイトル「誤解」という全編1分30秒の短い動画を題材とします。自由保育場面を撮影したもので、主な登場園児はA児、B児、C児の3名、そして保育者1名です。以下に、時間の流れとともに動画の内容を紹介していきます。

　場面は大きく2つに分かれます。A児とB児2人の場面と保育者と、C児が加わった場面の2つを切り取って紹介します。前者を第1場面とし、後者を第2場面とします。

【第1場面】

　細かく3つに分かれます。①～③として示します。

①　A児の動き

　A児がお気に入りのリュックサックを胸に抱えて移動しているところから始まります。ポケットのチャックが開いたままになっていますが、そのことには気づいていません。

②　B児のA児へのかかわり

　B児は、A児が大事そうに抱えているリュックサックのポケットのチャックが開いていることに気づきました。そしてA児が部屋を移動しているときに、チャックを閉めてあげようとしてあとをついていきます。

③　A児の反応

　B児にあとをついてこられることについて、A児は閉まっているチャックを自分の意に反して開けられると認識し、「あけちゃダメ」と何度も泣き叫びながら、B児から離れようとして保育室を移動します。

B児は泣いているA児を慰めるかのように抱きしめます。それでもA児は状況がわからず、大事なリュックサックのチャックを開けられると思っています。A児は助けを求めるように、保育者のそばに来て床に座ります。その直後にB児も保育者のところに来て、横にべったりと体を寄せて座っています。

【第2場面】

保育者とC児の共感性発現と捉えられるかかわりについて述べます。

① 保育者の対応

A児とB児の出来事を見ていたC児も保育者のそばに来て座りました。園児3名と保育者を合わせて4名が近い位置に座っています。第1場面をつぶさに見ていた保育者はA児に「しめてくれるかもしれないよ」と声をかけます。もともとリュックサックのチャックが開いていたことを認識している保育者はB児が閉めようとしたことを伝えたのです。B児はここでも実際にリュックサックに触って閉める行為をA児の前でしました。

② C児のA児への言葉かけ

その保育者の言葉を聞いたC児がA児に対して、「しめてくれるんだって」と言葉をかけました。A児は上述のように、B児がチャックを閉めたことを目の前で見て、チャックが開いていたことに気づきます。C児の言葉を聞いてA児は泣き止み、サッと立ち上がって保育者とC児のいるところから離れて、違う場所に行きました。その場にB児とC児、そして保育者が残りました。

③ C児のB児への言葉かけ

B児は何が起こったか理解できずにショックを受け、呆然とした表情で保育者の横にべったりと体を寄せて座っています。開いていたチャックを閉めようとした自分の善意が伝わらず「誤解」を受けてしまった事

実を受け容れがたい様子です。B児の片手は保育者の膝の上に乗っています。困惑した気持ちを抱え、保育者に頼ろうとする内面がうかがえます。その様子を見て、C児はB児の顔と向き合うように自分の顔を近づけます。そして「○○へ行こうか」と声をかけました。するとB児の表情がほんの少し和らぎ、ほほがふくらみました。そしてC児の誘いに乗り、保育者から離れて立ち上がり移動を始めました。

（2） 2歳児の動画に関する考察

　第1場面においてA児とB児の間に葛藤が生じました。葛藤が引き起こされたそもそもの事象は、チャックが開いていることにA児が気づいていないことにあります。一方、B児は気づいていました。この事実認識のズレがトラブルの原因といえるでしょう。B児にあとをついて来られるかたちになったA児は、その理由を理解することができません。B児のチャックを閉めようとする意図が言葉としてA児に表出されず、行為としてのみ示されました。この場面における2歳のA児においては、先述の心を読むシステムの意図検出器がうまく作用していないと捉えられます。行為者としてのB児が近づいてくる目的や意図を読み取れず、A児は大切にしているリュックサックのポケットのチャックをB児に開けられると誤解し、B児の行為から必死に逃れようとしています。

　2歳児の言語獲得の水準として内面に生じた意図や感情のすべてを言葉として表出することは難しいため、B児はA児に行為として表現したといえるでしょう。「あけようとしたのではなくて、しめようとしたんだよ」という言葉も発していません。その言葉の代わりに泣いているA児のことを気にかけて抱きしめたと捉えられるでしょう。一言でも「チャックがあいているよ」と2語文でB児がA児に声をかければ、その後の展開は異なっていたと推察されます。

　第2場面において、C児はA児とB児の葛藤場面の一部始終を見て

いたと考えられます。C児は見て見ぬふりをせず2人のそばにやってきます。A児は大きな声で泣き叫んでおり、他方B児はショックを受けた表情を見せています。2人のそばに来て寄り添おうとするC児の行為には、2人の心的状態を察しようとし、2人に何かあったのだろうかと心配する感情的共感性の発現が見てとれます。それと同時に、2人の立場に身を置いて、各々の気持ちを考えようとする認知的共感性の芽生えも読み取れると考えられます。保育者がA児に対して「閉めてくれるかもしれないよ」と言葉をかけるのを見て、C児はA児に同じように一言言葉をかけます。ここにも2つの側面の共感性が行為として発現したことを読み取ることができます。C児はA児への共感性に基づくあたたかい行為を示しただけではなく、その場に残ったB児にも言葉をかけます。気分を良い方向に変えてほしいという願いから、B児に視線を合わせて、違う場所に行こうと自発的に語りかけるように言葉を発しました。C児の表情やふるまいからは、善意が伝わらずA児に誤解をされ、ショックを受けているB児の内面をC児が読み取ったことがうかがえます。

　C児によるA児とB児各々への行為は、Hoffman（2000）の共感性の発達段階説における2歳頃の第3段階にまさしく該当すると考えられます。他者の視点や立場を理解しようとする能力や、他者の感情や求めていることなどに応じて適切に反応を示す能力が発揮されたといえるでしょう。他者視点に立った共感的心痛の生成も見て取れます。

第4節　4歳児の共感性発現の場面に関する分析

（1）教材の動画の内容

　ここでは、先の2歳児より年上の4歳児の自由保育場面を取り上げていきます。題材は『語りあい学びあう保育の世界（第2巻）子どもの遊

びを探る』（新宿スタジオ制作・著作）に収められているタイトル「トランプゲーム」という１分55秒の動画です。

　定型発達の４歳の時期は、一般に話し言葉のひと通りの完成期と言われています。４歳児は、言語発達の面で話すことと聞くことの能力を周りの人とやりとりをするために身につけているとされます。主な登場園児はＡ児、Ｂ児、Ｃ児の３名、そして保育者１名です。以下に、時間の流れとともに動画の内容を紹介していきます。

【第１場面】 トランプ遊びでトラブルが発生した場面

　４歳児が３〜４人でトランプ遊びをしています。Ａ児とＢ児が向かい合って床に座っています。Ａ児は保育者にもたれかかるように座っています。Ａ児とＢ児の間で、１枚のトランプをめぐり取り合いになりました。お互いに大きな声が出ています。

【第２場面】 Ｃ児がトラブルの調整に入る場面

　Ｃ児は、Ａ児とＢ児のそばにいてトランプの取り合いになったことを目撃し、ある提案をします。それは、「ジャンケンポン、すればいいよ」というものでした。２名はその提案に応じてジャンケンをします。結果はＢ児の勝ちでした。Ｃ児はジャンケンの結果を見て、「はい、○○ちゃん」とＢ児を指さし、勝ちを告げます。Ａ児はＢ児に取り合いになっていたトランプを仕方なさそうに渡します。

【第３場面】 ジャンケンで負けたＡ児に言葉をかける場面

　ジャンケンで負けたＡ児は保育者にもたれかかったままで、結果を受け容れにくく悔しさと残念さから拗ねたような態度をとっています。そのＡ児の様子を見て、Ｃ児はＡ児の肩とトントンと軽くたたきながら「また、がんばればいいよ」と声をかけます。

（2）　4歳児の動画に関する考察

　第3場面でC児がA児に対して取った行動と言動は、A児がジャンケンに負けてしまったあとに見せた態度や表情から、C児がA児の内面を察したことにより生まれたものと推察されます。先述のように1枚のトランプが相手のものになってしまったことから、A児の内面には、悔しさ、残念さ、負けたことを受け容れがたい気持ちなど多様な否定的感情が生成されたと考えられます。A児はその内面を言葉ではなく態度や表情といった外から見える媒体で表出しました。他者A児の否定的な心的状態に関する認識をもとに、C児は励ますように「今日はジャンケンに負けたけど、また機会がある」ということを伝えました。ここにBaron-Cohen（1995）が提起した心を読むシステムの第4の仕組みである「心の理論」機構が生起していることが読み取れます。

　またC児のA児への行動や言動は、共感性の発現として捉えられます。A児の立場に身を置くという他者視点取得の能力も示されたと考えられます。A児の表出した感情状態に基づいてC児にも共感的心痛が生じ、A児の否定的な心的状態が何とか良い方向に変わってほしいと身体に触れ、言葉をかけます。前節で触れたように共感性の発達段階の第3段階と第4段階に該当すると考えます。第3段階では、他者視点取得能力が発達し、他者の感情や欲求を理解し、それに応じた適切な反応を示すことができるとされます。C児は、社会的文脈からA児の否定的な感情が生起した状態を読み取り、自発的にかかわったといえるでしょう。第4段階における共感性は、先述のように5歳になる頃に獲得され、社会的な規範意識や道徳的な価値観が芽生えることから、個人的な関係に限定されず正義という原理によって示されます。トランプの取り合いという混乱した場面に立ち会ったことにより、このままでは当事者同士の否定的な感情のやり取りが続いてしまうと思ったのでしょう。友達のためになることとして、当事者2名の友達どちらにも偏ることなく、公平な判断力に裏付けされたジャンケンによる解決策を提案しまし

た。自分で何とかこの場を収めて、友達に落ち着いた安らかな気分になっ
てほしいという認知的共感性が生起したと考えられます。

　以上、本章では、２歳児、４歳児において他者が混乱、困惑、落胆な
ど否定的な感情に覆われた状況を見聞きした際に、そばにいた同年齢の
子どもが自発的に共感性に裏付けられた行動を生成する事実を示しまし
た。その行動に関して、「心の理論」との関連から、２歳児および４歳
児の自由保育の場面における共感性発現の場面を検討しました。

【参考・引用文献】

Baron-Cohen, S. (1995). Mindblindness: An Essay on autism and theory of
　　mind: Learning, development, and conceptual change. Cambridge,
　　Mass: The MIT Press.（サイモン・バロン＝コーエン／長野敬・長畑
　　正道・今野義孝訳『自閉症とマインド・ブラインドネス』青土社、
　　2002年）

Baron-Cohen, S., Campbell, R., Karmiloff-Smith, A., Grant, J., & Walker, J.
　　(1995). Are children with autism blind to the mentalistic significance of
　　the eyes?. British Journal of Developmental Psychology, 13, pp. 379-398.

ブレイディみかこ『他者の靴を履く　アナーキック・エンパシーのすすめ』
　　文藝春秋、2021年

Davis, M. (1994). Empathy: A social psychological approach. Madison, WI:
　　Westview Press.

Decety, J (2010) The neurodevelopment of empathy in humans
　　Developmental Neuro Science 32 (4): pp. 257-267. DOI: 10.1159/
　　000317771

Eisenberg, N., Shea, C. L., Carlo, G., & Knight, G. P. (1991). Empathy-
　　related responding and cognition: a chicken and the egg dilemma, in
　　W. M. Kurtines (Ed.), Handbook of moral behavior and development.

Hilsdale, Erlbaum, 2: research, pp. 63-88.

Eisenberg, N., & Fabes, R. A.. (1998). Prosocial development. In N. Eisenberg (Ed.) Handbook of child psychology Vol. 3 Social, emotional, and personality development .5th ed. pp. 701-778. New York: Wiley and Sons.

Farrant, B. M., Fletcher, J. & Maybery, M. T (2006). Specific Language Impairment, Theory of Mind, and Visual Perspective Taking: Evidence for Simulation Theory and the Developmental Role of Language, Child Development, 77, pp. 1842-1853.

Hoffman, M. L. (2000). Empathy and Moral Development: Implications for Caring and Justice. Cambridge, UK: Cambridge University Press.<http://dx.doi.org/10.1017/CBO9780511805851>

伊藤亜紗編著、中島岳志・若松英輔・國分功一郎・磯﨑憲一郎『「利他」とは何か』（集英社新書）集英社、2021年

岩立京子「共感性の発達」岸本弘・柴田義松・渡部洋・無藤隆・山本政人編『教育心理学用語辞典』学文社、1994年

子安増生『心の理論　心を読む心の科学』（岩波科学ライブラリー73）岩波書店、2000年

Leslie, A., & Thaiss, L. (1992). Domain specificity in conceptual development: Evidence of from autism, Cognition, 43, pp. 225-251.

三代周治「中学生のいじめ同調傾向に関する研究―因果モデル構成の試み―」1997年、上越教育大学大学院修士論文（未公刊）

森野美央「幼児期における心の理論発達の個人差，感情理解発達の個人差，及び仲間との相互作用の関連」『発達心理学研究』16、2005年、pp. 36-45.

村上凡子・前島美保「幼児期の子ども達における利他行動生成要因の検討」『和歌山親愛大学教育学部紀要』第3巻、2022年、pp. 65-72.

内藤美加「感情と心の理論」高橋惠子・河合優年・仲真紀子編著『感情の

心理学』放送大学教育振興会、2007年

Premack, D & Woodruff, G. (1978). "Does the chimpanzee have a theory of mind?", The Behavioral and Brain Sciences, 4, pp. 515-526.

桜井茂男「共感性」岡本夏木・清水御代明・村井潤一監修『発達心理学辞典』ミネルヴァ書房、1995年

谷村覚「社会的視点取得の構造的発達」大阪女子大学人文社会学部人間関係学科『人間関係論集』No.22、2005年、pp. 121-130.

ウタ・フリス、冨田真紀・清水康夫訳『自閉症の謎を解き明かす』東京書籍、2002年

Wellman, H. M. (1990). The child's theory of mind. Cambridge, MA: MIT Press.

第5章　発達初期の自閉スペクトラム症の子どもと親を対象とした早期支援プログラム APPLE の開発

第1節　幼児期の自閉スペクトラム症の早期発見・早期支援における課題

1　我が国の発達障害の早期発見・早期支援システムと課題

　自閉スペクトラム症等の発達障害の早期発見・早期支援の重要性について、発達障害者支援法（平成16年法律第167号）第5条には、市町村は、乳幼児健診を行うにあたり、発達障害の早期発見に十分留意しなければならないとあります。また、2017年1月には、総務省より、「発達障害者支援に関する行政評価・監視〈結果に基づく勧告〉」が公表され、厚生労働省における乳幼児健康診査における発達障害の疑われる児童の早期発見に資する取組の促進について勧告が出されました。このように我が国の発達障害の早期発見・早期支援システムは、乳幼児健康診査による発見を重要視しています。とりわけ自閉スペクトラム症の早期発見においては、1歳6か月健診及び3歳児健診においてスクリーニングされることになりますが、すぐに障害の確定診断は難しいため、健診後は経過観察となり、保健師による相談支援等のフォローアップが必要不可欠となります。

　乳幼児健康診査において、発達の遅れや偏りを指摘されながらも、障害の確定診断がなされない場合、家族は心配事を抱えながら育児をしなくてはなりません。こうした辛い時期にどのような支援体制を整備するかが大切になってきます。この時期は、子どもの発達支援というよりも、

家族への介入・支援が重要になります。発達障害者支援法においても、家族に対する支援について明言されています。具体的には、発達障害の疑いや特性がある子どもを育てる家族に対し、その障害の特性に応じた育児をすることへの気づきを促すことや困難さがあるときに専門的な相談、支援を受ける体制が構築されることにより、家族が意図せず不適切な対応を繰り返してしまうことを予防し、子どもの成長を支えることにつながるとあります。

しかし、自閉スペクトラム症児の状態像が様々であることなどから、実際の支援の場では家族への介入・支援に困難があることが報告されています（柳澤, 2012）。一方で、できる限り早期に発見し、適切な支援につなげていくことの重要性を明らかにする研究もすすめられています（内閣府, 2019）。自閉スペクトラム症の障害特性が認められた場合、障害の確定診断が1歳6か月健診においてことばの遅れ等の指摘があったとしても、すぐに福祉サービスにつながるケースは少なく、親は不安を抱えたまま孤立している状態にあることが課題となっています。1歳6か月健診は重要な機会であり、その後の相談支援体制は準備されているものの、家族の心理的なケアを含めた子育て支援という観点からの具体的な取組や研究はあまりみられません。

2 自閉スペクトラム症の確定診断前後の早期支援の課題

次に、自閉スペクトラム症の確定診断前後の課題があります。この時期に顕著に認められる障害の特性として、ことば・コミュニケーションの発達、社会性の発達の遅れがあげられます。こうした発達特性から、遊びや行動面で定型発達の子どもの育ちとの違いが認められます。家庭における子どもとのかかわり、あるいは、保育所・幼稚園・認定こども園等の保育施設において、親や保育者による「気づき」がきっかけになることもあります。しかし、気づきがあったとしても、そこから自閉スペクトラム症の確定診断に至るまでには時間がかかります。山根(2010)

は、自閉スペクトラム症児を育てる養育者へのインタビュー調査から、自閉スペクトラム症児を育てる養育者は、仮に子どもに自閉スペクトラム症の可能性を考えたとしても、「いずれ追いつくだろう」や「少し特徴が強いだけだろう」といった、不安の打ち消しを行うことを指摘しています。こうした不安の打ち消しによって医療機関への受診が遅くなってしまうことが考えられます。

これまで述べてきたように、我が国では発達障害者支援法に基づき、各地方自治体は発達障害の早期発見・早期支援のための支援体制の整備を行ってきました。加えて、2013年の児童福祉法の改正、障害者総合支援法の成立等のもとで、発達支援事業として、障害児支援のシステムが構築されるようになるなど、その内容も具体化しています。その支援の1つとして、障害児の早期支援の受け皿となる児童発達支援センターがあげられます。しかし、こうした支援の体制が整う中、発達障害の早期支援に携わる関係機関が抱えている課題は山積しています。

発達障害の中でも自閉スペクトラム症は、早期発見・早期支援が有効であることから、その支援体制の構築が求められているものの、支援の方法論が十分に浸透していないこともあります。障害児の通所支援サービスを実施する児童発達支援センターだけでなく、また、子どもの日常の発達を支援する場である保育現場（保育所・幼稚園等）に在籍する自閉症スペクトラム症の診断のある幼児の保育方法に苦慮している現実があります。

第2節　早期支援プログラムの開発における研究

1　国内外における早期支援プログラムの開発

自閉スペクトラム症（Autism Spectrum Disorder；以下、ASD）とは、

社会的コミュニケーションと対人相互反応の質的障害及び、興味の限局と反復的行動パターンを特徴とする神経発達障害です（APA, 2013）。ASD幼児については、早期からの支援が重要だとされている一方で、その難しさも指摘されています（神尾ら, 2013）。こうしたことから、ASD幼児に対する早期支援プログラムの開発が求められています。

　これまでASD幼児に対する早期支援プログラムとして、SCERTS（Prizant et al., 2006）、JASPER（Kasari et al., 2006）、ESDM（Rogers & Dawson, 2010）、FITT（TEACCH®, 2017）といったプログラムが開発されています。このうち、SCERTS、JASPER、ESDMは子どもの自発的な遊びを通して、子どもの社会性を育んでいくという点で共通したものです。これらの支援プログラムについては様々な介入研究を通して確かめられており（Waddington et al., 2021）、いくつかの支援機関では実際に導入されています（浜田, 2018）。

　その一方で、これらの支援方法は子どもの社会性や情動調整を育むことに焦点が当てられており、親の育児に対する見通しの持てなさや、不安、ストレスについては特に支援方法を提供していない点が課題となっています。ASD幼児のQOL（Quality of Life）の維持、向上といった側面から考えると、ASD幼児のみならず、ASD幼児を養育する家族に対しても同時に支援を提供するようなプログラムが望ましいと考えられます。

　上述した早期支援プログラムのなかで、ASD幼児と家族を包括的に支援する枠組みとして知られているのは、FITT（Family Implemented TEACCH for Toddlers）です。FITTは、ASD幼児の理解を深め、関わっていくために、家族が協力し合う親教育・支援モデルです。全24回で構成される家庭訪問型のホームセッションであり、その内容には、コミュニケーション、模倣の習得、遊びのスキルなどセッションごとに主な話題と方略が示されています。FITTでは、日常的で自然な環境でASD児のスキル構築の機会を提供し、ASD幼児の発達の原則に基づく自然的発達行動介入を理論モデルとして採用しています。これにより、

ASD 児が介入に主体的に参加することが可能になります。この FITT による介入は、ASD 幼児の社会的スキルの伸長だけでなく、育児ストレスの軽減にも効果的であることが示唆されています（松田ら，2020）。

このような ASD 幼児と家族に包括的な支援を提供できるという点で FITT の枠組みは重要な示唆を与えるものの、実施には、習熟した支援者が24回の家庭訪問を行う必要があることから、支援機関において普及させていくのには多くの困難があると考えられます。

2　ASD 幼児への早期支援プログラムの開発に向けて

以上の課題を踏まえ、第一著者（藤田）がこれまで実証的研究として取り組んできた ASD 幼児への支援プログラム（藤田，2001）及び、ASD の障害特性が認められる幼児の発達支援と養育者への面接を並行して行うプログラム（藤田・岡村・横部，2021）をもとに、著者らが所属する大学研究所で実施するプログラムを企画し、その有効性や実施可能性について検討することとしました。まず、これまでの実証的研究の概要について述べていきたいと思います。

（1）ASD の診断後の親子への支援実践をもとに

第一著者は、2歳から3歳台で自閉スペクトラム症（当時の診断名は「小児自閉症」）の診断を受けた5名の子どもに対して、児童精神科クリニックにて、保育的関係（津守，1997）を基盤とした発達支援アプローチの実践（＝保育的セラピー）を考案し、報告しました（藤田，2001）。この発達支援は、子どもにかかわるセラピストが保育的関係を保つことによって子どもが人に対する肯定的感情を生み出し、その人との関係の中で存在感を感じることで、能動性を発揮し、それを受動することによって相互性を生み出すという方法です。特に〈人と関わる力を形成〉することを目的として発達支援を行っていく方法を提案しました。また、この発達支援過程から、家族支援の重要性を指摘しました（藤田，2001）。

（2）保育的セラピーにおける子どもへの発達支援方法

保育的セラピーの4つの条件として、以下の4つをあげています。

1．Person（人）
2．Place（場所）
3．Play（遊び）
4．Process（過程）

Person（人）は、発達の場の人機能（岡本，1982）を重視し、子どもにかかわる大人との保育的関係（津守，1997）を構築させ、子どもの発達を支えていくための存在として、子どもにかかわる大人の存在と大人からの意図的な働きかけが必要であるということです。Place（場所）は、子どもと大人がかかわる場所としての物理的環境を整えたうえで、Play（遊び）は子どもが自分らしく遊んだり、大人と子どもが一緒に遊んだりすることのできる玩具や遊具等の準備が必要になります。Process（過程）は、子どもの発達支援には支援過程が必要となり、さらに、支援する過程において大人が子どもの理解を深めていくことが必要とすることを条件としています。

かかわる人の基本姿勢として、①子どもの存在をあるがままに受け入れる、②応答的環境を整える、③子どもとの共有・共感関係を創り上げる、④ほどよいかかわり、⑤子ども理解を深める、⑥母親の子育てを支える、としている。さらに、子どもへのアプローチとして以下の10の方法を提案しました。

| 子どもへのアプローチの10の方法 |

①　愛着の形成
②　遊びのフォーマットづくり
③　要求伝達の受け入れ

④　相互伝達（やりとり）を作り上げる

⑤　共同注視（joint attention）体験を増やすかかわり

⑥　発達の最近接領域（zoon of proximal development）への意図的な働きかけ

⑦　模倣（imitation）を育てるかかわり

⑧　音声言語理解・音声言語表出力を育てるかかわり

⑨　象徴機能（Single function）を育てるかかわり

⑩　認知する力への総合的アプローチ

　このような条件や基本的姿勢及びアプローチの方法は、クリニックに通う自閉スペクトラム症の幼児らとの具体的かかわりを通して提案したものです。この提案をもとに3名の自閉症幼児の発達を促すことを可能にしたという事例を報告しました（藤田，2001, 2002, 2003）。

（3）自閉スペクトラム症の診断前から実施する早期支援プログラムの開発

　第1節で述べたように、ASD の診断前の時期の支援体制の充実が求められることから、第一著者が運営にかかわる福祉 NPO で実施する児童発達支援の支援者らと共同研究で行った ASD の障害特性が認められる幼児とその親を対象とした超早期支援プログラムは新たな福祉サービスの開拓に向けて研究に取り組みました（藤田・岡村・横部，2021）。そこで、先に開発されたエビデンスのある早期支援プログラム（ESDM, JASPER, FITT 等）の理念やプログラムを概観し、研究チームで1歳6か月直後から介入することを目的とした超早期支援プログラムを開発し、試行実践を行いました。研究協力が得られた親子は、1歳6か月健診で要観察となった対象児（男児）とその母親です。超早期支援プログラムの概要と対象児と母親を対象とした支援は、計4回実施されました。プログラムは、対象児が2歳になってすぐに開始しました。この時点で、対象児の M-CHAT の結果は、カットオフ値を超え、ASD（自閉症スペ

クトラム）の可能性が示唆されていました。また、有意味言語が1語程度で、言語理解や社会性についても遅れが認められました。母親は、支援を受けることに肯定的であり、研究への同意も得た上で4回の支援を行いました。早期支援の効果として、親への支援を並行して行うことの有効性が示唆されました。

（4）大学研究所による早期支援プログラムの開発に向けた準備

　著者らが所属する大学に設置した研究所（山口県立大学社会福祉学部附属子ども家庭ソーシャルワーク教育研究所；以下、研究所）は2023年4月開所しました。研究所では、調査研究事業として、困難を抱える子ども家庭への支援として、モデル的かつ実用可能性の高い事業を展開することを目指しています。開所前の設置準備段階で、著者らは、それぞれの専門分野からどのような事業を展開していくかアイデアを出し合った際、第一著者のこれまでの研究や実践から得られた知見と近年の研究の動向から、ASDの診断を受けた子どもと親への個別支援プログラムを企画・実施することとしました。さらに、大学研究所の役割として広く社会に還元できる事業が提案できる活動を展開することを目的としたいと考えました。

第3節　発達初期の自閉スペクトラム症の子どもと親を対象とした早期支援プログラムAPPLEの開発

1　早期支援プログラムAPPLEの提案と実施

　研究の準備として、子ども家庭ソーシャルワーク教育研究所の準備段階にて、第一著者より、これまでの研究から得られた成果と今後の研究

課題を報告し、研究員（著者ら）で共有を図りました。また、山口県内の保育現場への調査結果を実施し、保育所・幼稚園等に在籍する ASD 幼児の保育を行う保育士・幼稚園教諭が、その保育方法や親への支援に困難を抱えていることが明らかになりました。第一著者から研究員に、自閉症の診断を有する幼児とその養育者への支援に係る知見を研究により明らかにした上で保育現場に還元する方法を探求する必要を提案しました。その上で、研究所研究員 4 名で研究チームを結成し、ASD 幼児とその親を対象とした早期支援プログラムを開発し、現在、研究協力者となった親子 1 組を対象として APPLE の実施と検証を開始しています。本稿では、考案した APPLE の支援内容と今後の研究計画を報告したいと思います。

（1）研究の全体構想

　本研究は ASD 幼児の診断後に実施する APPLE の支援内容及び方法のプログラムを開発し、自閉症スペクトラムの診断を有する子どものその家族への支援実践を行っています。研究に協力が得られた ASD の診断を受けた子どもとその保護者を対象に APPLE を実施した結果をもとに幼児期の自閉スペクトラム症とその保護者への早期支援のあり方を検討することを目的としています。特に、人とのかかわりや社会的遊びをつくりだす支援を行うことで ASD 児の人とのかかわりの様相の変化に着目して検討することとしました。同時に、A の母親への支援を並行して行うことの有効性について考察します。その上で、APPLE の有効性や実現可能性について提案するとともに課題について明らかにする予定です。また、支援実践過程から得られた知見を日常的・継続的に支援を行う児童発達支援センターや保育現場に還元することを最終ゴールとしています。

（2）研究体制と役割

研究チームは4名で、それぞれの専門分野（特別支援教育、発達心理学、保育学、社会福祉学）から、APPLE の実施・評価を通して、研究をすすめていきます。実施は、山口県立大学社会福祉学部附属子ども家庭ソーシャルワーク教育研究所内に設置したプレイルームで行っています。

（3）早期支援プログラム APPLE

① APPLE のコンセプト

「APPLE（Children with Autism、Play and social development、Parental support、Learning from children、Early support）」と命名し、事業のコンセプトをプログラム名に組み入れました（**表1**）。

表1　APPLE のコンセプト

APPLE	支援のコンセプト
Children with **A**utism	自閉スペクトラム症の診断を有する子どもの育ちを支えるための支援プログラムであること。
Play and social development	子どもの好きな遊びによりそいながら、人とのかかわりや社会性を育む遊びが経験できるよう大人の意図的なかかわりを行うこと。
Parental support	子どもの親との対話を通し、子どもの発達の情報を共有しながら、子育てで抱える悩みに寄り添い、助言を行っていくこと。
Learning from children	子どもへのかかわりを通して、大人（家族・支援者）が、子どもの姿に学びながら、子どもの発達を支えるかかわりを行っていくこと。
Early Support	自閉スペクトラム症の診断後、できるだけ早い時期から、人とのかかわりや社会的遊びをつくりだすかかわりを育てる方法を検討し、早期支援にかかわる支援者への普及を行うこと。

筆者作成

② 子どもへのかかわりの方針

子どもへのかかわりは臨床現場（児童精神科クリニック）で自閉スペクトラム症の幼児への発達支援経験を有する第一著者が行うこととしま

した。かかわりの方針としては、子どもの遊びに寄り添いながら、A
の言動に寄り添い、応答的環境を整えるかかわりと、人とのかかわりや
社会的遊びをつくりだすことを目的とした意図的なかかわりを行いまし
た。これまでの実証的研究をもとに、保育的セラピーの4つの条件や子
どもへの10のアプローチの方法を取り入れました。その上で、特に人と
のかかわりや社会的遊びをつくりだすための意図的なかかわりとして、
第一著者との1対1のかかわりにおいて「二項関係」「三項関係」をつ
くる支援を行っています。家庭や保育所の情報から得られた子どもの経
験や好きな遊びを考慮した環境（おもちゃや課題や机や椅子等）を設定
しました。

③　家族へのかかわりの方針

　家族（主に母親）とのかかわりは発達心理学を専門とする第二著者（永
瀬）が行うこととしました。子どもに対するかかわりを行うプレイルー
ム内において、母親は子どもの様子を観察しながら、第二著者と面接を
行います。初回面接では、子どもの生育歴を聴取した後、KIDS乳幼児
発達スケールとM-CHAT乳幼児自閉症チェックリストに記入します。

　2回目以降は、SCERTSで用いられるアセスメントであるSAP-Oを
実施しながら、第一著者と子どもとのかかわりについて、かかわりの意
図やA児の行動の背景にある心的状態、A児の発達について解説しま
す。また、母親の子育てに関する悩みや不安を第二著者が傾聴し、心情
を理解・受容することを基本とし、母親の質問に応答しながら、子育て
に対する助言も行います。

④　支援の評価・検討方法

　APPLEの評価は、研究所内で設定した環境の中で、第一著者と子ど
もとのかかわりの様子のビデオ録画を行いました。また、第一著者やそ
の場にいる人（親、第二著者等）とのかかわりを行い、子どもの様子に
ついてエピソード記述を作成しました。それらをもとに子どもの人との
かかわりや社会的遊びへの支援方法のあり方について検討します。

また、保護者に対する支援の評価として、保護者の子ども理解の変容や子どものかかわりの変容について尋ねる半構造化面接を実施する予定です。

2 今後の研究計画

現在、研究の協力が得られた2歳の自閉スペクトラム症の子どもとその母親を対象にAPPLEを実施しています。今後は、協力の得られられた1組の親子を対象にしたAPPLEの実施を行い、発達初期にある自閉スペクトラム症の子どもの支援方法について提案を行うことを計画しています。この提案をもとに、リーフレット「自閉スペクトラム症の子どもの発達支援のために―家庭・保育現場でできることと―（仮）」を作成する予定です。リーフレットは、家庭や保育現場に配布し、日常的・継続的な支援を行っている支援の場に広く普及することを考えています。

【参考文献】

American Psychiatric Association. (2013). Diagnostic and statistical manual of mental disorders (5th ed.).

藤田久美「自閉症幼児の保育的セラピー―人とかかわる力の形成―」山口短期大学出版会、2001年

藤田久美「自閉症幼児の保育的セラピー（1）―Yの事例―」『日本保育学会第54回大会研究論文集』2001年

藤田久美「自閉症幼児の保育的セラピー（2）〜母と子のあいだへのアプローチ」『日本保育学会第55回大会研究論文集』2002年

藤田久美「自閉症幼児の保育的セラピー（3）―保育現場における視点―」『日本保育学会第56回大会発表論文集』2003年

研究代表者／藤田久美、共同研究者／岡村隆弘・横部紋子「発達が気になる子どもと家族への超早期支援プログラムの実証的研究―親子への個

別支援の提案と支援者の専門性の構築に向けて―」『公益財団法人ユニ
ベール財団研究助成報告書集（CD-ROM）』2020年

浜田恵「発達障害の早期発見から支援への新たな可能性 自閉症スペクトラ
ムの早期支援としてのJASPER プログラム」『小児保健研究』77（6）、
2018年、pp.513-516

神尾陽子他「未診断自閉症スペクトラム児者の精神医学的問題」『精神神経
学雑誌』115（6）、2013年、pp.601-606

Kasari C, Freeman S, & Paparella T（2006）. Joint attention and symbolic
play in young children with autism: A randomized controlled
intervention study. Journal of Child Psychology and Psychiatry, 47,
pp.611-620.

松田紗代他「ASD リスクがある幼児の家族への支援 ―TEACCH の FITT
プログラムを参考に―」『川崎医療福祉学会誌』30（1）、2020年、
pp.61-72

内閣府『障害者白書（令和5年版）』勝美印刷、2023年

岡本夏木『子どもとことば』（岩波新書）岩波書店、1982年

Prizant, B. M., Wetherby, A. M., Rubin, E., Laurent, A. C., & Rydell, P. J.
（2006）. The SCERTS model: A comprehensive educational approach
for children with autism spectrum disorders, Vol. 1. Paul H. Brookes
Publishing Co..

Rogers, S. J., & Dawson, G.（2010）. Early Start Denver Model for young
children with autism: Promoting language, learning, and engagement.
The Guilford Press.

TEACCH[®].（2017）. Autism Program: Family Implemented TEACCH for
Toddlers Study（FITT）

津守真『保育者の地平 私的体験から普遍に向けて』ミネルヴァ書房、
1997年

Waddington, H., Reynolds, J. E., Macaskill, E., Curtis, S., Taylor, L. J., &

Whitehouse, A. J.（2021）. The effects of JASPER intervention for children with autism spectrum disorder: A systematic review. Autism, 25(8), pp.2370-2385.

山根隆宏「高機能広汎性発達障害児・者の母親の障害認識過程に関する質的検討」『家庭教育研究所紀要』32、2010年、pp.61-73

柳澤亜希子「自閉症スペクトラム障害児・者の家族が抱える問題と支援の方向性」『特殊教育学研究』50（4）、2012年、pp.403-411

◆執筆者紹介（執筆順）

ヒューズ美代（ひゅーず・みよ）……………………………………［第1章］
　　横浜保育福祉専門学校教務部次長

川端奈津子（かわばた・なつこ）……………………………………［第2章］
　　静岡産業大学准教授

濱中啓二郎（はまなか・けいじろう）………………………………［第3章］
　　鶴見大学短期大学部専任講師

村上凡子（むらかみ・ぼんこ）………………………………………［第4章］
　　和歌山信愛大学教授

藤田久美（ふじた・くみ）……………………………………………［第5章］
　　山口県立大学教授

井辺和杜（いんべ・かずと）…………………………………………［第5章］
　　山口県立大学特任教員（助教）

永瀬　開（ながせ・かい）……………………………………………［第5章］
　　山口県立大学准教授

横山順一（よこやま・じゅんいち）…………………………………［第5章］
　　山口県立大学准教授

現代保育内容研究シリーズ⑧

現代保育の理論と実践 II

2023年11月27日　初版第1刷発行

編　者　現代保育問題研究会
発行者　小野道子

発行所　株式会社 一藝社
〒160-0014 東京都新宿区内藤町1-6
Tel. 03-5312-8890　Fax. 03-5312-8895
E-mail：info@ichigeisha.co.jp
HP：http://www.ichigeisha.co.jp
振替　東京 00180-5-350802
印刷・製本　株式会社丸井工文社

©gendaihoikumondaikenkyuukai 2023 Printed in Japan
ISBN 978-4-86359-277-3 C3037
乱丁・落丁本はお取替えいたします

一藝社の本

現代保育内容研究シリーズ1

現代保育論

本書は、現代保育者の諸問題を性教育問題や諸外国の事例なども取上げ、保育のあるべき姿やそのあり方を提示した画期的保育論である。

contents

子育て支援センターにおける相談活動／保育者の専門性／保育者論／保育者と人間性／わらべうたと保育／実践の場で活用できる保育教材研究／幼小接続におけるカリキュラム研究 ―「道徳性」の育成―／諸外国における子育て支援／性教育問題／相談援助,etc.

[編] 現代保育問題研究会
A5判 並製 130頁
定価（本体2,000円＋税）
ISBN978-4-86359-172-1

現代保育内容研究シリーズ2

保育の内容と方法

本書は、各「領域」の意義を述べるとともに、プログラミング教育にも言及するなど、現代の保育・教育にまつわる諸問題を多角的に捉えて解説した待望の書である。

contents

こどもの心身の発達／教育課程／領域「健康」／領域「人間関係」／領域「言葉」と教育課程／領域「環境」／領域「音楽表現」／領域「造形表現」／教育・保育の方法論／障害幼児の指導／プログラミング教材を使用した保育方法,etc.

[編] 現代保育問題研究会
A5判 並製 142頁
定価（本体2,000円＋税）
ISBN978-4-86359-171-4

現代保育内容研究シリーズ3

保育をめぐる諸問題

近年、子ども園など保育施設の成立や無償化、またプログラミング教育や英語教育など学習内容の変化は、めまぐるしく展開している。本書は、その変化の本質に迫る一書である。

contents

保育内容「健康」／日本語の面白さと豊かさ／「友達」をめぐる幼保小連携／子どもと保育者にとって今、必要とされる環境／幼児の情動や自己制御力の発達とアタッチメント／保育者に求められる子ども家庭福祉への理解と社会的養護／教師論・保育者論,etc.

[編] 現代保育問題研究会
A5判 並製 146頁
定価（本体2,000円＋税）
ISBN978-4-86359-178-3

現代保育内容研究シリーズ4
保育をめぐる諸問題Ⅱ

本書は、幼児の箸の持ち方をはじめ、特に幼児時期の主体性をテーマに詳細に分析した、幼児教育にかかせない内容を含んでいる、保育職・教育職を目指す者をはじめ関係者必読の書である。

contents

幼児の「箸の持ち方・使い方」の実技調査から見えた課題／用箸運動をめぐる諸問題／幼児の体力・運動能力における運動経験のあり方／造形と表現／保育所における幼児教育／「主体的・対話的で深い学び」を育む保育実践の探求 ,etc.

[編] 現代保育問題研究会
A5判　並製　140頁
定価（本体 2,000 円 + 税）
ISBN978-4-86359-190-5

現代保育内容研究シリーズ5
保育をめぐる諸問題Ⅲ

本書は、近現代における保育・教育の歴史と思想、乳幼児の心身の健康を育み培う生活と遊び、幼児・保育内容の変遷とその背景、質の高い保育者の養成などから構成されている。

contents

近現代における保育・教育の歴史と思想―保育者がなぜ歴史や思想を学ぶのか―／乳幼児の心身の健康を育み培う生活と遊び―自然との触れ合いを豊かに―／幼児教育・保育の内容の変遷とその背景／保育を担う質の高い保育者の育成をめざして ,etc.

[編] 現代保育問題研究会
A5判　並製　132頁
定価（本体 2,000 円 + 税）
ISBN978-4-86359-255-1

現代保育内容研究シリーズ6
保育・教育の実践研究
―保育をめぐる諸問題Ⅳ―

本書は、幅広く現代の保育・教育問題を扱っているため、各講義・演習科目の主たるテキストあるいはサブテキストとして使用可能。

contents

今、求められる保育内容―保育内容の過去・現在・未来―／質の高い保育・幼児教育実践の探究／スキャモンの発育曲線と子どもの身体発達／乳幼児における睡眠習慣の諸問題／幼小接続期の保育・教育と児童文化財 ,etc.

[編] 現代保育問題研究会
A5判　並製　148頁
定価（本体 2,000 円 + 税）
ISBN978-4-86359-267-4

現代保育内容研究シリーズ7

現代保育の理論と実践Ⅰ

2018年の創刊から続く「現代保育内容研究シリーズ」の第7弾。保育者を養成する大学や短期大学の教壇に立つ5人の執筆者が、子どもたちを取り巻く保育・教育問題について、それぞれの立場から論考。「子どもの権利」「絵本」「心地よさ」「音楽」などのトピックを取り上げる。

contents

子どもの権利としての保育／保育・教育における絵本の教育的効果／心地よさを探しに／保育における絵本と保育者の役割／保育者に必要な音楽的援助とその技術

［編］現代保育問題研究会
A5判　並製
112頁
定価（本体2,000円＋税）
ISBN978-4-86359-276-6